S. FISCHER

»In Zeiten stürmischen Wandels braucht es Prinzipien und Haltungen, die den Tag überdauern.«

Über das Konservative wird vor allem dann diskutiert, wenn es viel Veränderung gibt – wie zum Beispiel gerade jetzt: Digitalisierung und Globalisierung pflügen Wirtschaft und Gesellschaft um. Der Klimawandel bedroht unsere Zivilisation. Noch nie waren so viele Menschen auf der Flucht. Der Zusammenhalt der Gesellschaft beginnt zu bröckeln. Populisten feiern Erfolge mit dem Versprechen, alte Sicherheiten zurückzuerobern. Doch das ist nicht konservativ, sondern reaktionär.

Wie sieht eine zeitgemäße Idee des Konservativen aus? Und kann sie die Sehnsucht vieler Menschen nach Halt und Sicherheit erfüllen? Winfried Kretschmann, Gründungsmitglied der Grünen, findet ganz eigene und überzeugende Antworten auf diese Frage. Geprägt durch seine persönliche und politische Biographie und seine Lektüre von Philosophen wie Aristoteles, Immanuel Kant oder Hannah Arendt, plädiert er leidenschaftlich für einen wertgebundenen Konservatismus, der sich an die Sache hält, an Prinzipien, an Maß und Mitte. Ein Konservatismus, der sich von der Zukunft her denkt und nicht von der Vergangenheit.

Winfried Kretschmann

Worauf wir uns verlassen wollen

Für eine neue Idee des Konservativen

S. FISCHER

MIX
Papier aus verantwortungsvollen Quellen
FSC® C083411

Erschienen bei S. FISCHER

Umschlaggestaltung: Gundula Hißmann und
Andreas Heilmann, Hamburg
Satz: Dörlemann Satz, Lemförde
Druck und Bindung: CPI books GmbH, Leck
Printed in Germany
ISBN 978-3-10-397438-6

»Der Sinn von Politik ist Freiheit.«

Hannah Arendt

Vorwort

Auf der Suche nach Halt und Orientierung

Fast kann man die Uhr danach stellen, wann über das Konservative diskutiert wird. Dann nämlich, wenn es viel Veränderung gibt. Heute ist eine Zeit mit viel Veränderung. Und das Tempo ist rasant. Digitalisierung und Globalisierung pflügen Wirtschaft und Gesellschaft um. Der Klimawandel bedroht unsere Zivilisation. Der internationale Terror hat Europa erreicht. Die Flüchtlingskrise hat wie ein Katalysator gewirkt. Sie hat unter der gesellschaftlichen Oberfläche gärende Unsicherheiten ans Tageslicht befördert und noch einmal verstärkt. Viele Gründe also, um besorgt zu sein und die Frage zu stellen: Worauf können wir uns noch verlassen?

Die Umbrüche sind dramatisch und bringen das Gleichgewicht zwischen Altem und Neuem aus dem Lot. Das Neue erscheint vielen Menschen immer weniger als Chance und immer mehr als Bedrohung. Das höre ich in Gesprächen mit Bürgerinnen und Bürgern immer wieder. Auch der Hinweis, dass wir in einem der friedlichsten und erfolgreichsten Länder der Welt leben, hilft da oft nicht weiter. Und erst recht kein Beschwichtigen oder gar Besserwisserei. Denn auch das bringt alte Sicherheiten nicht zurück. Dazu ist das Neue zu übermächtig, zu komplex und zu schnell.

Auch in der Politik ist wenig so, wie es einmal war. Der Nationalstaat hat Teile seiner Steuerungskompetenz verloren, ohne dass die EU diese Steuerung schon übernommen hat. Populisten feiern Erfolge. Der Zusammenhalt der Gesellschaft bröckelt. Inzwischen steht sogar die Frage im Raum, ob die liberalen Demokratien des Westens das alles unbeschadet überstehen werden. Kann Politik unter diesen Bedingungen überhaupt noch in der Weise Sicherheit und Orientierung bieten, wie die Menschen es von ihr erwarten? Oder ist auch sie verunsichert und überfordert von der Gegenwart? Und hat nicht schon die Frage nach Halt und Orientierung etwas Vermessenes? Gibt es einen Weg, auf dem sich alte Sicherheiten überhaupt noch zurückgewinnen lassen? Oder verschwimmen alle denkbaren Antworten nicht ihrerseits im »Postfaktischen«, in einem diffusen Meinungsstrom ohne Halt und sachliche Grundlage?

Wenn wir die Zeitung aufschlagen, Nachrichten im Fernsehen anschauen oder ins Internet gehen, stellen wir fest: Viele öffentliche Debatten haben nur wenig mit den großen Problemen unserer Zeit zu tun. Sie werden den Herausforderungen der Gegenwart nicht gerecht. Die Klimakrise spielt kaum eine Rolle – obwohl sie über das Wohl und Wehe unseres

Planeten entscheidet. Kaum anders sieht es bei der Digitalisierung aus, die unser Leben und unser Wirtschaften völlig umkrempeln wird. Und selbst ganz konkrete Probleme wie der Wohnungsmangel oder der Pflegenotstand finden allzu oft nur am Rande Beachtung. Stattdessen geht es um Kruzifixe in Amtsstuben, die Ausländermaut auf deutschen Autobahnen oder immer wieder aufs Neue um die Frage einer deutschen Leitkultur. Symboldebatten, persönliche Ambitionen und kalkulierte Tabubrüche beherrschen mehr und mehr die Schlagzeilen. Sachdebatten führen dagegen oft nur ein Schattendasein. Dazu kommen sterile Aufgeregtheiten und ein gereizter Ton. Manche sprechen angesichts dieser Entwicklungen bereits von einer »Empörungsdemokratie«. Da stellt sich nun die Frage: Wo ist unsere öffentliche Debatte angekommen? Und wo sind die drei wichtigsten Qualitäten geblieben, die Politikerinnen und Politiker nach Max Weber eigentlich auszeichnen müssten – nämlich Leidenschaft zur Sache, Verantwortungsgefühl und distanziertes Augenmaß?[1] Das Bedürfnis, über die großen konservativen Themen zu diskutieren, erwächst aus den großen Umbrüchen, die wir erleben. Aber eben auch aus den Defiziten in den Debatten darüber. Aus einer zunehmend personalisierten und emotionalisierten Gesprächskultur, die eher Verwirrung stiftet als Orientierung schafft. Politik, Medien und demokratische Öffentlichkeit – also eigentlich wir alle – müssen uns da an die eigene Nase fassen.

Wir müssen erkennen, dass Demokratie und die sachliche und zivilisierte Art, über unsere öffentlichen Angelegenheiten zu reden, nicht selbstverständlich sind. Sie sind uns nicht einfach so zugefallen und keineswegs ein für alle Mal gesichert. Nein, wir müssen beharrlich an ihnen arbeiten. Und vor allem müssen wir sie gegen ihre Feinde verteidigen. Denn Demagogie ist schon seit der antiken Polis eine Gefahr für die Demokratie. Und die Erfolge, die Populisten und Demokratieverächter hier und anderswo erzielen, zeigen uns: Auch in unserer modernen Welt ist etwas ganz anderes möglich. Wir dürfen deshalb nicht die Hände in den Schoß legen und auf Besserung warten, sondern wir müssen gemeinsam für unsere liberale Demokratie und unsere offene Gesellschaft streiten.

Ich gestehe ein, dass auch ich keine schnellen und schon gar keine einfachen Antworten auf die Fragen geben kann, die ich hier aufwerfe. Weil das so ist, will ich mit dem vorliegenden kleinen Buch ganz grundsätzlich fragen: Worauf wollen wir uns verlassen? Welche Orientierungen können uns helfen, wenn wir nach mehr Sicherheit, Sachlichkeit und Augenmaß streben?

Diese Fragen berühren Kernkompetenzen des Konservativen. Aber natürlich werden sie nicht nur von Konservativen aufgeworfen. Deshalb stellt sich zusätzlich noch die Frage: Was meint konservativ heute überhaupt? Und wie sieht ein zeitgemäßer Konservatismus aus? Kann er einen Beitrag leisten in den Umbrüchen der Zeit? Und wenn ja, welchen? Was unterscheidet ihn dann von dem, was bisher als konservativ galt? Kann »konservativ« heute noch ein Leitbegriff einer politischen Lagerorientierung sein? Oder ist damit inzwischen nicht weit mehr gemeint? Etwa eine Klammer jenseits des überkommenen Links-rechts-Schemas, die Menschen mit ganz unterschiedlichen Geschichten und kulturellen Orientierungen zusammenbringt? Und wie kann eine neue Idee des Konservativen aussehen, die unserer Gesellschaft weiterhilft?

Im Laufe meines Lebens ist mein Respekt vor dem, was die zivilisierte Menschheit schon immer für richtig gehalten hat, stetig gewachsen. Vor grundlegenden Gedanken, Werten und Tugenden, die sich bewährt haben und die uns Orientierung geben. Etwa das Prinzip von Maß und Mitte, so wie es bei Aristoteles zu finden ist. Oder die Einsicht, wie wichtig Vertrauen und Verlässlichkeit sind, wenn wir miteinander umgehen. Diese Tugenden müssen immer wieder neu bekräftigt werden, damit das Zusammenleben funktioniert.

Das »Wir oder die Anderen« der Populisten oder der Fanatismus von Fundamentalisten sind Haltungen, die Probleme verschärfen, statt sie zu lösen. Sie vertiefen die Gräben in der Gesellschaft. Das Prinzip der guten Mitte ist dazu der Gegenpol. Es hilft Brücken zu bauen, und es ist für mich die alte Grundlage einer neuen Idee des Konservativen, um die es in diesem Buch gehen soll.

Eine solche Idee verbindet die losen Enden der Gegenwart. Sie bringt das Bewahren des Bewährten und das mutige Anpacken des Neuen zusammen. Und sie steht für einen klaren Wertekompass und Leidenschaft zur Sache. Ich meine: Wenn eine verlässliche Orientierung im rasanten Wandel der Zeit noch möglich ist, dann auf diesem Weg.

1.

Das Konservative – ein Kind des Wandels

In der Ideengeschichte erscheint das Konservative als Haltung und Weltanschauung, die Verlässliches hochhält und stabile Orientierung verspricht. Gerade deswegen wird diese Idee in Zeiten tiefgreifenden Wandels besonders nachgefragt. Der Anspruch, der sich damit verbindet, ist jedoch nicht leicht einzulösen – gerade heute, in einer Zeit, in der festen Geltungsansprüchen ja eine grundsätzliche Skepsis entgegenschlägt. Der Blick in die Geschichte zeigt zudem: Das Konservative verändert sich vor allem auch selbst. Es erweist sich als ein höchst wandelbares Kind des Wandels.

Wege und Abwege in die Moderne

Die konservativen Haltungen und Ideen haben nie ein so geschlossenes Gedankengebäude gebildet wie die Konzepte der beiden großen historischen Gegenspieler Sozialismus und Liberalismus. Konservatives

Denken hat sich zum Teil erst aus der Reaktion auf diese entwickelt. Es wollte das Neue nicht einfach seiner Neuheit wegen preisen, sondern den Blick auf das lenken, was im Wandel verlorengeht.

Die Geburtsstunde des Konservatismus schlägt in einem Moment radikaler Veränderung, nämlich während der Französischen Revolution. Das Konservative verstand sich als Ideologie der Restauration. Es sehnte sich nach dem Ancien Régime, der vermeintlich heilen Welt vor der Zeitenwende, zurück. Und dieser Konservatismus, wie er damals vor allem von dem Staatsmann und Philosophen Joseph de Maistre[1] geprägt wurde, war vor allem eines: reaktionär. Er wollte Glanz und Glorie des Absolutismus wiederhaben. Und auch der Konservatismus des preußischen Junkertums, der Staat und Militär im Wilhelminischen Reich prägte, war tief reaktionär eingefärbt.

Allerdings geriet dieser rückwärtsgewandte Konservatismus immer mehr in Widerspruch zum Aufstieg der bürgerlichen Gesellschaft. Marktrationalität, Industrialisierung und Verstädterung passten nicht mehr unter die Haube einer Feudalideologie. Und so entwickelte sich in der Weimarer Republik eine aggressive, illiberale und antidemokratische Intellektuellenströmung, der man im Nachhinein das Etikett der »konservativen Revolution« verpasste. Sie wollte nicht mehr zurück in eine vermeintlich heile Vorzeit, sondern sie strebte eine andere, eine deutsche Moderne an. Der heutige Rechtspopulismus versucht, sich aus diesem Fundus eine intellektuelle Tradition anzuzaubern.

Wenn wir es nur mit diesen beiden Ausprägungen des Konservativen zu tun hätten, müssten wir gar nicht weiter darüber nachdenken, ob seine Ideen etwas Konstruktives für unsere Zeit zu bieten haben. Allerdings gab es auch deutlich weniger reaktionäre und aggressive Spielarten des Konservativen, deren Früchte wir aus unserer geistigen Welt nicht wegdenken möchten. Unter den Kritikern der Französischen Revolution etwa den irisch-britischen Philosophen und Politiker Edmund Burke, der überaus lehrreich die Gefahren eines gewaltsam einschneidenden Wandels beschreibt.[2] Oder wichtige Stränge der romantischen Kunst und Ästhetik. Das Leiden an der Zerrissenheit der Moderne, wie wir es bei Novalis finden oder in der romantischen Liedkultur. Oder auch in einer ironisch-melancholischen Haltung, die dem Anderen nicht mit unbedingter Strenge, sondern milde und versöhnlich begegnet. Die Romane von Theodor Fontane stehen in besonderer Weise dafür, wenn etwa der alte Pastor Lorenzen im »Stechlin« gegenüber dem jungen Beamten Rex für eine überschaubare und weniger heftige Form des Wandels plädiert: »Nicht so ganz unbedingt mit dem Neuen. Lieber mit dem Alten, soweit es irgend geht, und mit dem Neuen nur, soweit es muss.«[3]

Die Erfahrung, dass wir uns »fremd« fühlen in der Moderne, und das Nachdenken darüber, wie wir in ihr heimisch werden können, war auch bei Existenzdenkern wie Kierkegaard oder beim jungen Marx Thema. Sie beschreiben ein tiefes Gefühl der Entfremdung und Verdinglichung, wobei – bewusst oder unbewusst – ebenfalls konservative Motive einfließen. Von einem anderen Blickwinkel aus setzt sich auch Sigmund Freud damit auseinander – dort nämlich, wo er ein »Unbehagen in der Kultur«[4] registriert, das mit den steigenden Anforderungen der Triebkontrolle in modernen Gesellschaften zu tun hat. Denn unsere offene und hoch arbeitsteilige Gesellschaft kann nur funktionieren, wenn wir uns nicht beliebig gehenlassen und bloß spontanen Regungen folgen. Die Zivilisation, die unser Leben reicher und vielfältiger macht, stellt hohe Anforderungen an Disziplin und Selbstkontrolle jedes Einzelnen. Die Selbstkontrolle, die viele Spielräume der Freiheit überhaupt erst eröffnet, kann deshalb auch selbst zur Quelle des Unbehagens und des Leidens werden. Auch in der Wahrnehmung solcher Nebenfolgen der Moderne zeigen sich Wurzeln für eine Nachdenklichkeit, von der wir heute mehr brauchen. Sie kann tatsächlich helfen, uns in den noch einmal stark beschleunigten Veränderungen der »Turbomoderne« besser zu orientieren – in einer Zeit, in der rasanter Wandel zur massenhaften Alltagserfahrung wird.

Das Konservative ist also gerade keine in Stein gemeißelte Weltanschauung. In einiger Spannung zum »conservare«, das es im Titel führt, hat es sich selbst als höchst veränderlich erwiesen. Nicht etwa als

Ideologie mit festen Glaubenssätzen, sondern oft als pragmatische Weltanschauung, die den Dingen keine vorgefertigten Wahrheiten überstülpt. Und deshalb geht es beim Konservativen auch nicht um politische Brauchtumspflege, sondern um eine reflexive Haltung zur Moderne, die das Neue kritisch hinterfragt.

Ankunft in der Demokratie

Es ist also alles andere als leicht zu beantworten, wer und was die Konservativen eigentlich sind. Eine lange Ideengeschichte füllt Bücherregale. Und selbst wer sich nur auf die Bundesrepublik beschränkt, findet keine schnelle Antwort. Auch die verbreitete Meinung, dass die Christdemokraten bei uns die Konservativen seien, bleibt nicht unwidersprochen. Armin Laschet, mein Ministerpräsidentenkollege aus Nordrhein-Westfalen, hat darauf hingewiesen, dass der Begriff »konservativ« eigentlich nicht zum Markenkern der CDU gehört und erst relativ spät, nämlich 1978, ins Parteiprogramm kam.

Die Gründe, warum man den Begriff des Konservativen im Nachkriegsdeutschland zunächst nur mit spitzen Fingern angefasst hat, sind offensichtlich. Der preußisch-reaktionäre Altkonservatismus und der gegen die Weimarer Republik gerichtete revolutionäre Jungkonservatismus waren tief verstrickt in die illiberalen und antidemokratischen Traditionslinien der jüngeren deutschen Geschichte.

Die Christdemokraten dagegen hatten sich klar in der westlichen Demokratie positioniert. Das wollten sie in ihrer Annäherung an den Begriff nicht in Frage stellen. Der Konservatismus, den die Christdemokraten vertraten, war ein liberaler, pro-westlicher. Er war stark rheinisch-katholisch geprägt, bezog aber auch – im Unterschied zur alten Zentrumspartei – den Protestantismus mit ein. Es ist das Verdienst der Christdemokratie, nach dem Zweiten Weltkrieg einen in der deutschen Tradition neuen, republikanischen, liberalen und demokratischen Konservatismus ermöglicht zu haben.

Weniger Hemmung bei der Annäherung ans Konservative als manch andere hatte Franz Josef Strauß. Er gilt ja als eines der konservativen Urgesteine in der Geschichte der Bundesrepublik. Seine CSU war denn auch zehn Jahre schneller als die Unionsschwester und nahm den Begriff des Konservativen bereits 1968 in ihr Programm auf. Allerdings deutete Strauß ihn dabei weitgehend um: »Konservativ heißt, an der Spitze des Fortschritts marschieren«, verkündete er. Damit meinte er vor allem eine Haltung zum technischen Fortschritt. Und – so darf man ergänzen – die größte Fortschrittshoffnung der CSU in jenen Jahren war die Atomkraft, für die sie sich wie keine andere Partei stark machte.

Strauß' Umdeutung hatte Konsequenzen. Das grundkonservative Reflektieren von Nebenwirkungen und Folgen des Wandels blieb auf der Strecke. Und genau das ist mein erster kritischer Befund mit

Blick auf das Konservative in der Bundesrepublik: Indem die Union sich den Begriff aneignete, hat sie ihn zwar in der bundesdeutschen Demokratie verankert. Aber sie hat die Frage, was das »conservare« eigentlich meint, zu wenig beachtet – oder sagen wir ruhig: verdrängt.

In der Adenauer-Zeit bestand die Verdrängung vor allem darin, dass die Union den Begriff des Konservativen vermied. Als sie ihn dann später verwendete, hatten Studentenbewegung und Popkultur die Gesellschaft grundlegend verändert. Traditionelle konservative Bestände wirkten überholt und verloren weiter an Bedeutung. Auch dieser kulturelle Wandel trug dazu bei, dass der Unionskonservatismus in einen einseitigen und naiven Fortschrittsglauben mündete – eine Haltung, die dem Konservatismus eigentlich fremd ist und lange eher aufseiten der Linken angesiedelt war.

Doch ein konservatives Pendant zum Fortschrittsglauben wurde zumindest rhetorisch hochgehalten. In der CSU fand man dafür später einen eingängigen Slogan: »Laptop und Lederhose«. Was steckt genau hinter diesem Schlagwort? Und wie verhält es sich mit dem »und« darin?

Die »Biermösl-Blosn«, eine Musikgruppe, der man die Bayern-Kompetenz nun wahrlich nicht absprechen kann, geben in ihrem Song »Tschüss Bayernland« die Antwort: »Griaß di Gott, Autobahn! Pfüat di Gott, Auerhahn!« Ins Hochdeutsche übersetzt: Der Laptop-und-Lederhose-Konservatismus opfert im

Zweifelsfall Auerhahn und Ackerland für Autobahn und Spekulant. Politisch verallgemeinert: Ökonomie und Ökologie sind zwei Welten, zwischen denen man sich entscheiden muss – und immer schon entschieden hat. Und genau hier liegt mein zweiter kritischer Befund: Der naive Fortschrittskonservatismus ersetzt das »und« in der Verbindung von alt und neu durch ein »oder«. Er ist ein eindimensionaler Konservatismus, der Erhalten und Gestalten nicht wirklich verbindet, sondern gegeneinander ausspielt.

Diese Wendung zum »oder« trifft aber zutiefst die Traditionsbestände, die der Unionskonservatismus eigentlich vor sich herträgt. Seine eindimensionale, fortschrittsnaive Grundhaltung macht sie zum schmückenden Beiwerk. Er beschwört – und hier liegt mein dritter kritischer Befund – nur noch ideologisch, was er praktisch verdrängt. Wo seine Gehalte dem technischen Fortschritt und den eigenen Tagesinteressen im Weg stehen, da werden sie umstandslos abgeräumt. Das als »konservativ« Ausgegebene erscheint so oft als bloßer Politkitsch oder als Folklore. In seichten oder manchmal auch schrillen Beschwörungen von Heimat, Christentum oder deutscher Leitkultur wird ein entkernter Konservatismus präsentiert, der nur noch als Kulisse dient, aber seine Substanz eingebüßt hat.

Der Konservatismus von Strauß und anderen hat den Begriff aber nicht einfach neu definiert. Nein, er hat ihn in einer Weise zertrümmert, dass aus den Scherben etwas Neues entstehen konnte und musste – nämlich ein neues, kritisch abwägendes Denken, das der Idee des achtsamen Schützens und Bewahrens eine wirkliche und zeitgemäße Heimstatt bot. Schon in den frühen 1970er Jahren thematisierte der »Club of Rome« die Begrenztheit der natürlichen Ressourcen. Die Anti-Atom-Bewegung zeigte die im fortschrittsgläubigen Konservatismus so sträflich ignorierten und nicht beherrschbaren Nebenwirkungen auf – und lag mit ihrem Einspruch dramatisch richtig.

Es kam zu einer wertkonservativen Wende, mit der sich der Begriff des Konservativen grundlegend veränderte. Für diese Wende stehen nicht zuletzt Autoren wie Erhard Eppler, Hans Jonas oder Ulrich Beck[5] – und als politische Kraft natürlich die Grünen. Mit ihnen wurden weitere wichtige Grundgedanken des Konservativen in der Demokratie fruchtbar gemacht. Und zwar mit neuen und gewichtigen Gehalten, die es gerade nicht auf politische Folklore oder Brauchtum reduzierten.

Die wertkonservative Wende wird Teil einer reflexiven Kritik der Moderne. Es geht nicht mehr um jene Modernisierung, in der die Industriegesellschaft sich aus der feudalen Agrargesellschaft herausschält – und an der sich der Konservatismus ursprünglich entzündete –, sondern um die Risiken, Folgen und Nebenwirkungen, die mit der Industriegesellschaft einhergehen.

Hans Jonas hat in seinem Buch »Das Prinzip Verantwortung« eine Ethik für das technologische Zeitalter entworfen, in das die Moderne eingetreten ist. Er plädiert dafür, die Ethik der zuvor nicht gekannten Reichweite der menschlichen Natureingriffe anzupassen. Es geht dabei nicht länger nur um Nahbeziehungen und unmittelbare Begegnungen, sondern um eine räumlich und zeitlich ausgedehnte Ethik, die alle lebenden Menschen und kommende Generationen mit umfasst. Diesen Anspruch einer Folgenethik brachte Jonas in seiner ökologischen Umformulierung von Kants Kategorischem Imperativ auf den Punkt: »Handle so, dass die Wirkungen deiner Handlung verträglich sind mit der Permanenz echten menschlichen Lebens auf Erden.«[6] Und auch wenn man nicht alle Überlegungen von Jonas teilen mag, so hat er doch dem Gedanken des Bewahrens eine neue ethische Dimension erschlossen.

Mit Blick auf die Politik lässt sich Entsprechendes von Erhard Epplers Unterscheidung zwischen Wert- und Strukturkonservatismus sagen.[7] Sie hat viel dazu beigetragen, den Konservatismusbegriff aus dem überkommenen politischen Links-rechts-Schema herauszulösen. Wertkonservative gibt es auf beiden Seiten der alten Lagergrenzen. Ihnen geht es darum, bestimmte grundlegende Werte und Vermächtnisse zu bewahren – so etwa den Erhalt der Natur, die Würde des Einzelnen oder das »bonum commune«, das Gemeinwohl. Mit diesem Schritt wurde nun auch für Linksliberale und Sozialdemokraten möglich, sich in einem positiv werthaften Sinne als »konservativ« zu bezeichnen. Nämlich als wertkonservativ in Abgrenzung zu Strukturkonservativen, die vor allem überkommene Strukturen, Privilegien oder Machtpositionen erhalten wollen. Letzteren geht es um Interessen und nicht um Werte.

Eine neue Idee des Konservativen

Auch die Geschichte des Konservatismus in der Bundesrepublik zeigt also: Die konservative Idee verändert sich selbst mit den Zeitläuften immer wieder. Wo liegen nun aber die Elemente, die der neue Konservatismus bewahren muss? Und vor welchen Herausforderungen steht eine solche zukunftsweisende Idee des Konservativen in unserer Zeit?

Die Union hat das Konservative in Deutschland in der Demokratie verankert – als eine demokratische, liberale und westliche Idee. Das war eine große zivilisatorische Leistung. Denn erst als Haltung, die sich als Teil der offenen Gesellschaft versteht, lohnt es sich, über eine zeitgemäße Idee des Konservativen nachzudenken.

Die Lesart der Union hatte aber – wie gesehen –

einen blinden Fleck. Als techniknaiver Fortschrittskonservatismus vergaß sie die Probleme, die die Moderne sich selbst bereitet. Erst die wertkonservative Reflexion nahm diese Problematik in den Blick. Und zwar im Sinne einer Kritik, die weder blinde Technikbejahung noch illiberale und antimoderne Fundamentalkritik ist, sondern auf die Gestaltung der Moderne zielt. Das ist eine weitere wichtige Einsicht, die eine zeitgemäße Idee des Konservativen aus der Geschichte des Begriffs in der Bundesrepublik für sich gewinnen kann.

Seit der wertkonservativen Wende der 1970er Jahre hat sich die Welt fundamental gewandelt. Das Ende des Kalten Krieges war ein großer Bruch. Der real existierende Sozialismus implodierte, der Eiserne Vorhang zerriss, die bipolare Weltordnung war plötzlich Vergangenheit. Der amerikanische Politologe Francis Fukuyama verkündete daraufhin überaus optimistisch das »Ende der Geschichte«.[8] Seine Botschaft lautete: Der Kommunismus ist tot – der wirtschaftliche und politische Liberalismus hat gewonnen. Damit habe sich das Beste aller Gesellschaftsmodelle durchgesetzt. Die Zukunft gehöre allein der Demokratie und der Marktwirtschaft, die sich nun Schritt für Schritt über den ganzen Planeten ausbreiten würden.

Es kam anders. Heute, 30 Jahre nach dem Ende des Kalten Krieges, liegen die Dinge äußerst verwickelt, und wir scheinen eher das Ende vom »Ende der Geschichte« zu erleben. Die liberale Demokratie selbst gerät unter Druck. Sie verliert an Vertrauen und Rückhalt, sie wird von innen und außen angegriffen. Der nationalistische Geist und die autoritäre Versuchung sind wieder da. In Ungarn beschränkt Victor Orbán die Pressefreiheit und macht Flüchtlinge zu Sündenböcken. In Polen untergräbt die rechtsnationale Regierung den Rechtsstaat und unterhöhlt die Gewaltenteilung. In Italien stellen mit der Fünf-Sterne-Bewegung und der Lega Populisten von links und rechts die Regierung und haben vor allem in ihrer Europaskepsis ein gemeinsames Band. In Russland betreibt Putin skrupellose Großmachtpolitik und macht Oppositionelle mit Hilfe des Staatsapparats mundtot. In der Türkei geht Erdoğan knallhart gegen Kritiker vor. In den USA beansprucht Trump »alternative Fakten« für sich und legt die Axt an die multilaterale internationale Ordnung. Und bei uns stellen Nationalisten die drittstärkste Kraft im Bundestag. Der Rechtspopulismus breitet sich also aus wie ein Virus – hochansteckend, hochgefährlich. Die liberale Demokratie und die offene Gesellschaft sind ernsthaft bedroht – hier und anderswo. Der Zusammenhalt der Gesellschaft beginnt zu erodieren, und die Spaltung nimmt zu.

Für mich stellen sich an dieser Stelle zwei grundsätzliche Fragen. Die eine ist mehr theoretischer Natur: Wie konnten wir uns hinsichtlich der Stabilität des liberal-demokratischen Modells so täuschen? Die andere ist praktischer Natur: Welche politischen, sozialen und kulturellen Gründe gibt es dafür, dass unsere liberale Demokratie heute so sehr in Bedrängnis gerät?

Für die erste Frage ist ein Blick auf die Kritik am Totalitarismus erhellend, wie sie etwa Hannah Arendt oder Karl Popper geübt haben. Sie zielte ganz wesentlich auf die Vorstellung, die Weltgeschichte wäre von einer »Zielursache« bestimmt und würde auf einen historischen Endzustand zulaufen. So wähnte sich der Sozialismus im Einklang mit den Bewegungsgesetzen der Geschichte, die mit »eherner Notwendigkeit« auf kommunistische Ordnungen hinauslaufen würden. In der Totalitarismuskritik wie auch in der wertkonservativen Technikkritik und ihrer Skepsis gegenüber Fortschrittsautomatismen ist dagegen der Grundgedanke angelegt, dass die Moderne ein offenes Projekt ist und eben kein Gesellschaftsmodell, das auf ein fixes Geschichtsziel zuläuft.

Heute wissen wir: Nach dem Ende der Blockkonfrontation und des real existierenden Sozialismus war es keine so gute Idee, die Welt gleich wieder mit einer Endzustandsannahme zu beglücken – auch wenn dieser Zustand nun die liberale Demokratie sein sollte, die sich endgültig durchsetzen würde. Doch selbst wenn ich in meinen Erwartungen und Hoffnungen zurückhaltender war als Fukuyama, muss ich zugeben: Auch ich hätte nicht gedacht, dass ich unsere offene Gesellschaft und unsere Demokratie noch einmal so prinzipiell würde verteidigen müssen.

Etwas mehr und etwas frühere »konservative« Reflexion hätte uns alle etwas klüger gemacht. Denn sie rechnet stets damit, dass es auch anders kommen kann und die Dinge einen weniger guten Verlauf nehmen. Schon die antike Tradition war hier deutlich skeptischer und hatte einen recht unverstellten Blick auf die Probleme, die zum Scheitern demokratischer Verfassungen führen können. Gerade deshalb, weil wir nichts Besseres als die Demokratie haben, dürfen wir uns den Geist nicht vernebeln mit dem Gedanken, dass außer der Demokratie nichts anderes möglich sei. Es ist sehr wohl etwas anderes möglich. Tatsächlich lassen Populismus und neuer Autoritarismus uns heute danach fragen, wie klein eigentlich die »Nussschale« der westlichen Welt, des vermeintlichen »Siegers« der Weltgeschichte, geworden ist – in einem Moment, in dem sogar noch deren Führungsmacht von einem Populisten regiert wird. Wir müssen heute leider festhalten: Das westliche Modell der liberalen Demokratie und der offenen Gesellschaft ist bedroht.

Aber gerade angesichts dieser Gefahr darf ein neuer Konservatismus sich nicht wieder dem alten reaktionären Denken oder gar einer völkischen Politik annähern. Es gilt, das liberale Modell zu bewahren und gegen die neue autoritäre und populistische Gefahr zu verteidigen. Aus eigener Erfahrung und den eigenen historischen Fehlern heraus muss der zeitgemäße Konservatismus der erklärte Gegner solcher Versuche sein. Sein »conservare« muss heute entschieden der offenen Gesellschaft in der Auseinandersetzung mit ihren neuen beziehungsweise sehr alten Feinden gelten. Demokratie und Menschenrechte sind eben nicht die Sieger der Geschichte, sondern bedrohte Pflänzchen einer Moderne, die es zu bewahren und verteidigen gilt. In der heutigen Situation wird das Bewahren der offenen Gesellschaft neben dem Bewahren unserer natürlichen Lebensgrundlagen zur zweiten übergreifenden Aufgabe des neuen konservativen Ansatzes. Die offene Gesellschaft zu schützen und zu gestalten ist der Kern seines staats- und gesellschaftspolitischen Engagements.

Auch die Frage nach den Gründen für den Vormarsch der Populisten ist komplex. Die Welt, wie wir sie kannten, ist aus den Fugen geraten. Wir sind mit fundamentalen Umbrüchen und Veränderungen konfrontiert, die immer mehr Menschen als Überforderung, Kontrollverlust und Bedrohung erleben.

Da sind die vielen Flüchtlinge und Migranten, die zu uns kommen. Die Flüchtlingskrise hat Deutschland ein Stück weit gespalten: Hilfsbereitschaft und Offenheit auf der einen Seite stehen Überfremdungsängste, Verunsicherung und teilweise offene Feindseligkeit auf der anderen Seite gegenüber.

Dazu kommen Globalisierung und Digitalisierung, die keinen Stein auf dem anderen lassen. Natürlich profitieren wir in Deutschland als Exportweltmeister insgesamt von der wirtschaftlichen Verflechtung. Aber auch bei uns gibt es Verlierer und solche, die fürchten, in Zukunft auf der Verliererseite zu stehen.

Menschen, die sich von Globalisierung und technischem Fortschritt bedroht fühlen und sich besorgt fragen: Was bedeutet der digitale Wandel für meinen Arbeitsplatz?

Gleichzeitig nimmt die kulturelle Polarisierung zu. Die meisten Menschen unterstützen die gesellschaftliche Modernisierung der letzten Jahrzehnte. Sie finden die Gleichstellung von Mann und Frau gut, gehen entspannt mit Homosexualität und neuen Familienmodellen um und empfinden die wachsende kulturelle Vielfalt als Bereicherung. Gleichzeitig gibt es aber auch jene, die die neue Liberalität und Weltoffenheit als Bedrohung sehen und sich nach der »alten Ordnung« zurücksehnen.

Der Klimawandel ist *die* Menschheitsfrage unserer Zeit. Wenn es uns nicht gelingt, die globale Erwärmung aufzuhalten, wird unser Planet in einigen Jahrzehnten nicht mehr der sein, den wir kennen. Dazu kommt das weltweite Artensterben – auch das ein existenzielles Thema. Denn wenn der Mensch seine natürlichen Lebensgrundlagen immer weiter zerstört, ist er irgendwann selbst bedroht. Das erzeugt Furcht. So zeigen Umfragen, dass der Klimawandel den Deutschen mehr Sorgen bereitet als jedes andere politische Thema.

Zudem befinden wir uns im Visier des internationalen islamistischen Terrorismus. Die Terroristen zielen auf unsere Demokratie, unsere freie Lebensweise und den gesellschaftlichen Zusammenhalt. Sie wollen verängstigen und verunsichern. Sie wollen spalten und einen Kulturkampf lostreten zwischen der Mehrheitsgesellschaft und den hier lebenden Muslimen, die den Terror in ihrer überwältigenden Mehrheit ebenso verabscheuen wie der Rest der Bevölkerung.

Und zu allem Überfluss steht auch noch das Projekt der europäischen Einigung auf dem Spiel. Die Fliehkräfte innerhalb der EU nehmen zu. Die neuen Nationalisten richten sich vor allem gegen Europa, gerade, weil es die Dämonen des Nationalismus austreiben sollte. Manche Bürger nehmen von der EU nur noch das Klein-Klein wahr und verlieren darüber ihre einmalige Erfolgsgeschichte von Frieden, Freiheit und Wohlstand aus den Augen.

Auf die internationale Bühne ist die Großmachtpolitik zurückgekehrt. Die alte Rivalität zwischen Liberalismus und Autokratie ist neu entflammt. Putins Russland verletzt territoriale Grenzen. Xi Jinpings China stellt weitreichende Hegemonialansprüche. Und Trumps Amerika folgt strikt dem Motto »America first«: Es setzt auf bilaterale »Deals« statt Multilateralismus und auf Protektionismus statt Freihandel. Dazu kommt noch eine kulturelle Veränderung: Wenn ehemalige Kolonialländer wie China oder Indien zu führenden Mächten aufsteigen, fordert das überkommene eurozentrierte Denkweisen heraus. Gleichzeitig kommt der afrikanische Kontinent nicht wirklich voran. Wir befinden uns also in einem Übergang: Die alte Weltordnung löst sich auf. Und eine neue gibt es noch nicht.

Jeder dieser Umbrüche stellt schon für sich eine große Herausforderung dar. Doch sie spielen sich alle gleichzeitig ab, mit rasantem Tempo und gewaltiger Wucht. Da kann es kaum verwundern, dass diese gefährliche Mischung nicht ohne Folgen bleibt und auch aufs gesellschaftliche Gemüt schlägt: Viele Menschen sind verunsichert oder haben Angst vor dem Abstieg, sie fühlen sich abgehängt oder nicht gesehen und gehört. Unbehagen und Überforderung machen sich breit. Vor allem aber wächst die Sehnsucht nach Halt und Orientierung, nach Werten und Sicherheit.

Auf die Umbrüche und Herausforderungen gibt es keine einfachen Antworten. Wer etwas anderes vorgibt, so wie die Populisten, der löst keine Probleme, sondern verschärft sie. Trotzdem dürfen wir nicht verzagen, sondern müssen mutig und auch grundsätzlich fragen: Worauf wollen wir uns verlassen? Welche Sicherheiten und Orientierungen sind nötig, um die Umbrüche der Zeit zu bestehen und zu gestalten? Was gilt es zu bewahren, damit wir uns noch auskennen in der Welt? Und kann eine neue Idee des Konservativen hierbei helfen?

Eine Idee, die aus schlechten Alternativen, aus einem schlechten »oder« ein gut vermittelndes »und« machen will – ein »und« zwischen Ökonomie und Ökologie, zwischen technologischem Fortschritt und humaner Tradition, aber auch zwischen Vielfalt und Zusammenhalt, zwischen Heimat und offener Gesellschaft, zwischen Freiheit und Sicherheit, zwischen wirtschaftlicher Dynamik und sozialem Ausgleich, zwischen Säkularität und Religion, zwischen Region, Nation und Europa. Ein Konservatismus, der sich von der Zukunft her denkt, und nicht von der Vergangenheit. Der sich an Maß und Mitte orientiert, an bürgerschaftlichem Dialog und Ausgleich, an guten und nicht faulen Kompromissen, an dem Versuch, nicht nur einigen wenigen, sondern allen eine gute Zukunft zu ermöglichen.

Wenn ich im Weiteren Elemente einer solchen »Politik des Und« skizziere – und zwar ganz bewusst entlang von klassischen konservativen Begriffen und Konzepten wie Schöpfung, Heimat oder soziale Marktwirtschaft –, dann ist dabei manches nicht ausdefiniert und kommt durchaus tastend daher. Und ich möchte mich an diese Begriffe auch nicht wie an eine alte Hülle klammern, um hinter ihr die vielen neuen Entwicklungen zu verstecken. Nein, mir geht es darum, den Kern dessen zu erkennen, was dort an politischem, normativem und kulturellem Vermächtnis für uns heute bereitliegt, um die neue Zeit zu gestalten.

Einfach ist das »Und« in unserer komplexen Welt nicht zu haben. Meine Überlegungen münden auch in keine ausgeklügelte Strategie. Sie sind im Versuch entstanden, der schieren Übermacht der Tagesanforderungen immer wieder Momente des Innehaltens und des Nachdenkens entgegenzustellen. Irrtümer sind das Risiko eines solchen Vorgehens. Ich nehme sie in Kauf – in der Hoffnung, mich an vielen Stellen zumindest in die richtige Richtung zu irren und einen Anstoß zu geben für eine Debatte, die an der Zeit ist.

2.
Schöpfung bewahren

Die Liebe zur Natur hat mich zu den Grünen gebracht. 1979 habe ich die Partei in Baden-Württemberg mitgegründet. Ein Gründungsimpuls war damals der Kampf gegen das geplante Atomkraftwerk Wyhl am Kaiserstuhl. Dort ging vor 40 Jahren eine bunte Mischung aus Bürgerinitiativen, Studenten aus dem nahen Freiburg und vor allem Einheimischen auf die Straße. Winzer, Bauern, Hausfrauen, Rentner und Handwerker – darunter viele, die bislang mit der Politik der regierenden CDU einverstanden waren. Ihr Ziel: das Atomkraftwerk vor der Haustür verhindern. Sie hielten die Gefahren dieser Technologie für unkalkulierbar und wollten ihre Heimat schützen. Am Ende siegte der Widerstand der Bürgerinnen und Bürger. Das hatte es im Südwesten zuvor noch nicht gegeben.

In der Auseinandersetzung um die Atomkraft in Wyhl und anderswo wurde der Gegensatz zwischen dem techniknaiven und dem wertgebundenen Konservatismus besonders deutlich. Sie war der gesellschaftliche Großkonflikt, der wie kein anderer die Grenze markierte. Mit tätiger Nachhilfe übrigens von Vertretern des techniknaiven Konservatismus, die nicht müde wurden, ihren Gegnern eine technikfeindliche Haltung zu unterstellen. Das war die Retourkutsche auf kritische Fragen, denen man sich plötzlich ausgesetzt sah. Eine Technikkritik, die nicht in allem, was technisch machbar erschien, auch einen echten Fortschritt sah, musste einfach »technikfeindlich« sein.

Nachhaltig ist das neue Konservativ

Der Anwurf übersah aber völlig, dass eben diese Nachdenklichkeit einer anderen, besseren Technik den Weg bahnte, die heute mit den erneuerbaren Energien einen weltweiten Siegeszug erlebt. Diese und andere, durch die folgenethische Reflexion hindurch gegangene Techniken stehen inzwischen an der Spitze des Fortschritts. Und das, was in der Kritik an der Atomkraft zunächst nur vereinzelt aufschien, verdichtete sich zu einer Grundidee für einen verantwortlichen Umgang mit Natur, Technik und Gesellschaft, nämlich der Idee der Nachhaltigkeit. Diese Idee denkt Verantwortung über das Jetzt und Hier hinaus. Sie liefert einen Kompass, der bei Entscheidungen die Auswirkungen auf die Zukunft und auf unseren Planeten einbezieht. Sie läuft nicht bloß hinterher und repariert, sondern sie gestaltet. Und sie denkt – ganz im Sinne der »Politik des Und« – das Ökologische, das Soziale und das Ökonomische zusammen.

Nachhaltig ist das, was lange hält und sich nicht einer Ex-und-hopp-Logik unterwirft, was die Voraussetzungen des eigenen Tuns erhält, statt sie zu zerstören. Nachhaltig ist es, sparsam mit unseren natürlichen Ressourcen umzugehen und auf Recycling und Kreislaufwirtschaft zu setzen. Nachhaltig sind erneuerbare Energien, mit deren Hilfe wir auf fossile Energieträger wie Öl oder Kohle verzichten können. Sie sind es auch deshalb, weil ihr Einsatz umkehrbar ist und es uns so erlaubt, in den Dimensionen des Menschlichen zu bleiben, anstatt in irrwitziger Hybris Atommüll zu produzieren, der noch Millionen Jahre gefährlich bleibt. Nachhaltigkeit nimmt das Wohl unserer Enkel in den Blick, die Auswirkungen auf Klima, Umwelt und Natur sowie auf Menschen auch in anderen Teilen der Welt. Der Idee der Nachhaltigkeit geht es sowohl um den Schutz des Planeten, auf dem wir leben, wie auch um den der sozialen Welt, in der wir zusammen leben. Sie will eine Ökonomie, die auf Wertschöpfung und nicht auf Raubbau basiert.

Nachhaltigkeit erscheint vielen als Modewort. Aber als Idee weist sie weit in die Geschichte zurück. Sie findet Anknüpfungspunkte in der antiken Philosophie und Geschichtsschreibung, beispielsweise in Platons Dialog »Kritias« oder bei Plinius dem Älteren in seiner »Historia Naturalis«. Und in der christlichen Tradition, etwa beim heiligen Franziskus und seiner Achtsamkeit auf die Schöpfung.[1] Der Gedanke der Nachhaltigkeit beruht auf der Erkenntnis, dass Menschen nicht einfach aus dem Nichts schaffen, sondern sich immer auf etwas Vorgefundenes beziehen.

Man kann sagen: Nachhaltig ist das neue Konservativ – ein reflektiertes und zukunftsgerichtetes »conservare«, das Bewahren und neu Schaffen miteinander verbindet.

Dabei ist Nachhaltigkeit kein Theoriegebilde aus dem Elfenbeinturm, sondern sie prägt das Alltagshandeln von Millionen Menschen. Sie ist Leitlinie verantwortlicher Politik. Und sie steht nicht zuletzt auch für ein Unternehmertum, das die weitreichenden Folgen seiner Entscheidungen für Natur, Umwelt, Technik und Gesellschaft abwägt.

Nachhaltig meint einen besonderen Blick aufs Ganze, inspiriert auch von jenem Blick aus dem Weltall auf die Erde, von dem der Astronaut Alexander Gerst so eindringlich spricht: dem unvergesslichen Eindruck von der Verletzlichkeit dieses blauen Planeten, der unsere Heimat ist.

Die Menschheitsaufgabe unserer Zeit

Der Klimawandel verstärkt dieses Bewusstsein. Umso mehr als wir ihn schon in unserem Alltag spüren. Wo sind die knackig kalten Winter geblieben, mit viel Schnee und Eis, im Schwarzwald und anderswo? Durch den Klimawandel gerät die große Uhr der vier Jahreszeiten aus dem Takt. Sich in der Zeit orientieren, wissen, wo man steht in Jahr und Tag – das ist heute viel schwerer geworden. Damit geht auch Halt verloren – Halt und Orientierung im Kreislauf der Zeit.

Die Welt vor der Klimakatastrophe zu bewahren ist *die* Menschheitsaufgabe des 21. Jahrhunderts, das vordringlichste »conservare« eines neuen Konservatismus. Denn der Klimawandel ist – so ein eindrückliches Bild des Klimaforschers Hans Joachim Schellnhuber – wie ein Asteroideneinschlag in Superzeitlupe. Wenn der Einschlag kommt, ist es vorbei mit dem Leben, wie wir es kennen. Unwetter, Hitzewellen und Dürren werden zunehmen, Meeresspiegel steigen. Ganze Regionen in Afrika und Asien werden nicht mehr bewohnbar sein. Millionen Menschen werden ihre Heimat verlassen müssen.

Die Vorboten der Klimakrise sind aber auch schon heute für uns alle sichtbar. Wir müssen sie nur sehen wollen. Während ich dieses Buch schreibe, erleben wir einen Extremsommer mit Temperaturen von über 30 Grad selbst am Polarkreis und verheerenden Waldbränden in Griechenland, Kalifornien und sogar in Schweden. Oder schauen wir etwa nach Südostasien: Im vergangenen Jahr hat eine Flutkatastrophe in Indien, Bangladesch und Nepal eine Spur der Verwüstung hinterlassen. Über 40 Millionen Menschen waren betroffen, Millionen wurden obdachlos, Tausende starben. Oder in die USA, wo in den letzten Jahren ein Jahrhundertsturm den nächsten jagt und ganze Metropolen überschwemmt werden. So hat Sturm Harvey 2017 dafür gesorgt, dass in Houston innerhalb von zwei Tagen so viel Regen vom Himmel prasselte wie in Stuttgart innerhalb von zwei Jahren. Oder nehmen wir die weltweiten Fluchtbewegungen. Schon heute zwingt der Klimawandel mehr Menschen zur Flucht als alle Kriege zusammen. Das ist das brutale Gesicht des Klimawandels. Kein Ort und kein Mensch auf unserem Planeten bleibt verschont – egal, ob arm oder reich, groß oder klein, entwickelt oder nicht.

Auch wir in Deutschland sind betroffen. Die Dürre im Sommer 2018 machte den Bauern schwer zu schaffen. Und bei mir in Baden-Württemberg wurde 2016 das Dorf Braunsbach bei einem Unwetter zu großen Teilen zerstört. Über 100 Millionen Euro betrugen die Flutschäden allein in dieser 2000-Einwohner-Gemeinde. Oder werfen wir einen Blick in die Alpen: In den letzten 70 Jahren ist bereits mehr als die Hälfte der Gletscherfläche in den bayerischen Alpen geschmolzen. Bald könnte von den fünf Gletschern, die es dort heute gibt, nur noch ein einziger übrig sein.

Auch der Satz »Natura non facit saltus«, mit dem sich Naturdenker seit der Antike noch beruhigen konnten, gilt für uns heute nicht mehr. Die Natur macht sehr wohl »Sprünge« – nicht nur bei Mutationen oder quantenphysikalischen Phänomenen, sondern auch als Ökosystem. So nähern wir uns beim Klimawandel gefährlichen Kipp-Punkten: Jeder überschrittene Kipp-Punkt verschärft den Wandel und macht ihn letztlich unaufhaltbar und unkontrollierbar. Tauen etwa die Dauerfrostböden in Sibirien und anderswo auf, löst sich lange gebundenes Methan, das die Erderwärmung beschleunigt. Geht der Amazonas-Regenwald durch Rodungen und Klimaveränderungen zugrunde, geht ein wichtiger CO_2-Speicher der Erde verloren. Das Polareis, die Wälder, die Permafrostböden – sie sind die Klimaanlage unseres Planeten. Wenn sie kippen, dann gibt es für unsere Erde kein Zurück mehr.

Mein Amtskollege, der kalifornische Gouverneur Jerry Brown, hat bei einem Besuch in Stuttgart die heutige Situation drastisch beschrieben: »Die Zivilisation wird fast zur Schlachtbank geführt. Es kommt zur Katastrophe, wenn wir nichts tun.« Deshalb haben Gouverneur Brown und ich gemeinsam ein internationales Klimabündnis der Regionen aus der Taufe gehoben. Daraus ist inzwischen eine weltumspannende Allianz geworden. Sie vertritt über 200 Regionen und Metropolen mit zusammen mehr als 1,2 Milliarden Einwohnern und über ein Drittel der weltweiten Wirtschaftskraft. Diese Klimaallianz braucht es heute dringender denn je. Wenn der Klimaleugner im Weißen Haus den Pariser Weltklimavertrag aufkündigt, setzen wir auf das andere Amerika – auf die vielen Bundesstaaten und Städte, die sich weiterhin für den Klimaschutz engagieren.

Wir bemühen uns aber nicht nur auf dem internationalen Parkett, sondern vor allem bei uns zu Hause, unserer Verantwortung für den Klimaschutz gerecht zu werden. So hat Baden-Württemberg als eines der ersten Länder überhaupt ein Klimaschutzgesetz beschlossen. Wir packen an allen wichtigen Stellen an, um unseren CO_2-Ausstoß wirksam zu senken – von der Energieerzeugung bis zum Verkehr, von der Industrie bis zur Landwirtschaft. In meiner bisherigen Zeit als Ministerpräsident konnten wir die Strommenge aus Windkraftanlagen verdreifachen. Auch die besondere Beziehung der Baden-Württemberger zu ihrem »Häusle« zeigt sich beim Klimaschutz: Nirgendwo sonst in Deutschland wird so viel in energetische Gebäudesanierung investiert wie bei uns. Außerdem stärken wir die nachhaltige Mobilität – durch ein flächendeckendes Netz an Ladesäulen für Elektroautos genauso wie durch einen besseren ÖPNV oder Fahrradschnellwege. Und wir unterstützen unsere Unternehmen dabei, ihre Spitzenposition bei grünen Technologien und Ressourceneffizienz auszubauen. Das macht deutlich: Aus der Reflexion der Nebenwirkungen der Industriegesellschaft wird politisches Handeln, eine ganz konkrete »Politik des Und«. In vielen Bereichen sind wir längst schon mit den Mühen der Ebene beschäftigt, mit den vielen, oft gar nicht spektakulären Einzelmaßnahmen, die erst zusammengenommen den großen Erfolg ermöglichen. Was aber fehlt, ist eine engagierte Klimaschutzpolitik im Bund. Da passiert leider viel zu wenig, wie das leidige Thema Kohleausstieg zeigt. Wenn hier der alte techniknaive Konservatismus die Augen vor der Klimakrise weitgehend verschließt, zeigt das, dass er auch an dieser Stelle zu einer leeren Hülle verkommt.

Erhalten, was uns erhält

Der Klimawandel ist nicht die einzige ökologische Krise. Gleichzeitig spielt sich – von den meisten unbemerkt – das größte Artensterben seit dem Ende der Dinosaurier ab. Weltweit sterben Tag für Tag über 100 Tier- und Pflanzenarten aus – und sind damit unwiederbringlich verloren. Auch bei uns sind zwei von fünf Arten bedroht. Am deutlichsten wird das bei den Insekten. In unseren Gärten, in den Wäldern und auf den Wiesen – dort, wo es normalerweise summt und brummt – wird es stiller. Die Schmetterlinge flattern weniger: In den letzten 20 Jahren ist die Hälfte aller Tagfalterarten in Europa verschwunden. Die Bienen summen weniger: 39 Wildbienenarten sind inzwischen ausgestorben. Die Biomasse von Fluginsekten ist an einigen Orten um bis zu 80 Prozent zurückgegangen. Und die Vögel zwitschern weniger: Die Vogelpopulation in Deutschland hat sich in den letzten 30 Jahren halbiert. Drei von vier heimischen Vögeln sind gefährdet.

Die biologische Vielfalt ist wie ein eng gespanntes Netz – mit jeder Pflanze und jedem Tier, das verschwindet, wird die Stabilität des ganzen Netzes geschwächt. So wirkt sich das Insektensterben eben direkt auf die Zahl der Vögel hierzulande aus. Ohne Insekten geht den Braunkehlchen, Wiesenpiepern und Schwalben die Nahrung aus. Dazu kommt: Insekten bestäuben rund 80 Prozent unserer Nutz- und Wildpflanzen. Damit übernehmen sie eine für die Menschheit überlebenswichtige ökologische Aufgabe. Geht die Zahl der Insekten immer weiter zurück, sägen wir am Ast, auf dem wir sitzen. Die biologische Vielfalt ist also unsere Lebensversicherung und die zukünftiger Generationen. Wenn wir unsere Lebensgrundlagen immer weiter zerstören, dann gefährdet das auf lange Sicht die menschliche Existenz.

Und wir dürfen nicht vergessen: Gottes Schöpfung, die evolvierende Natur, haben wir vorgefunden, nicht gemacht. Jede einzelne Art besitzt einen Wert für sich – in einer Weise, die sich der klassischen Kosten-Nutzen-Rechnung entzieht. Es ist eben nicht verhältnismäßig, eine Art einfach aussterben zu lassen. Auch deshalb braucht es eine Agrarwende hin zu einer Landwirtschaft, die die Menschheit ernähren kann, ohne das Wirkungsgefüge der Natur zu zerstören. In Baden-Württemberg unterstützen wir die Bauern dabei, weniger chemische Pflanzenschutzmittel einzusetzen und für mehr biologische Vielfalt beim Ackerbau zu sorgen. Und wir helfen ihnen, auf Bio umzusteigen und ihre Felder ökologisch zu bewirtschaften.

Aber beim Artenschutz zeigt sich der Grundkonflikt zwischen den unterschiedlichen Ideen des Konservativen. Es geht eben nicht nur um irgendeine grüne Spielwiese, wenn Teile der belebten Natur verschwinden. Wir dürfen auch hier die Folgen unseres Tuns nicht einfach ignorieren. Deswegen sollte die abfällige Rede von den »Krötenschützern« und »Feldhamsterfreunden« endlich aufhören. Daraus spricht ein Zynismus, der blind für die größeren Zusammenhänge ist und die nichtmenschliche Kreatur als nichtig betrachtet statt als wertvollen Teil der Schöpfung. Es ist wichtig für uns, das netzwerkartige Wirkungsgefüge der Natur zu begreifen. Denn nur dann können wir die Folgen unseres Handelns realistisch abschätzen und gezielt und wirkungsvoll reagieren.

Das Bewusstsein von der Tragweite der menschengemachten Probleme ist inzwischen sogar in der Geologie angekommen, der Wissenschaft, die für ganz lange Zeiträume zuständig ist. Die Geologie fragt heute, ob wir inzwischen in einem erdgeschichtlichen Zeitalter des Anthropozäns leben – also der vom Menschen dominierten geologischen Epoche. Danach sind die menschlichen Eingriffe in das Wirkungsgefüge der Natur in den letzten 300 Jahren zum bestimmenden Faktor der Veränderungen auf unserem Planeten geworden. Luftverschmutzung, Ausstoß von Treibhausgasen, Abfallproduktion, Unmengen an Plastikmüll in Meeren und Umwelt, der großflächige Abbau von Bodenschätzen und die Versiegelung und Zerschneidung von Flächen, intensive

Methoden des Ackerbaus, die Massentierhaltung, Eingriffe in Wasserkreisläufe und anderes mehr prägen die Veränderungen, die sich in den Gewässern und Meeren, auf den Landmassen und in der Atmosphäre vollziehen. Schon das Nachdenken darüber, ob eine neue geologische Epochenbestimmung nötig ist, zeigt die Reichweite unseres Handelns und die gewaltige Herausforderung, der wir uns heute stellen müssen.

3.
Heimat und Zusammenhalt

Wenn ich gefragt werde, was Heimat für mich bedeutet, kommen mir ganz schnell Bilder in den Sinn: Orte und Landschaften, die ich seit meinen frühen Lebensjahren kenne – Töne, Geräusche, Gerüche. Mir fällt die Schwäbische Alb ein. Der helle Jura, die Landschaften meiner Kindheit. Wenn ich dort beim Wandern bin, spüre ich: Das ist ein Teil von mir, da gehöre ich hin, hier bin ich zu Hause.

Diese Erinnerungen tragen bei mir eine Überzeugung, von der ich mich auch politisch leiten lasse: Wer Landschaft, Klima und Natur schützt, der schützt Heimat. Der Raubbau an der Natur dagegen zerstört Heimat. Die Unterschiede zwischen den verschiedenen Ideen des Konservativen werden auch beim konservativen Leib- und Magenthema Heimat überdeutlich. Die Versiegelung und Zerschneidung von Flächen und die zügellose Asphaltierung, die der techniknaive Konservatismus immer noch predigt, sind keine Messgrößen mehr für humanen Fortschritt. Auch hier bringt der zeitgemäße Konservatismus eine neue Sichtweise ins Spiel: Naturschutz ist Heimatschutz im besten Sinne.

Heimat – das sind vor allem auch die Menschen, denen wir gut sind und die uns Gutes wollen. Mir fallen meine Spielkameraden ein. Damals war ich ein Flüchtlingskind – meine Eltern kamen nach dem Zweiten Weltkrieg aus Ostpreußen in ein kleines Dorf auf der Schwäbischen Alb. Und Kinder fragen ja nicht: Wo kommst du her? Sondern: Spielst du mit? Dann haben sie schwäbisch mit mir geschwätzt – und ich auch bald mit ihnen. Denn den Dialekt lernt man als Kind sofort. Und wer auf dem Dorf Dialekt spricht, der gehört dazu. Da ist die Integration dann schon geschehen. So bin ich zum Dialekt gekommen, und zu meiner Heimat.

Der Dialekt verbindet, er schafft Gemeinschaft, er ist eine wunderbare Möglichkeit der sozialen Integration. Er sorgt für Erdung, für Vertrautheit und Verwurzelung in Zeiten der Globalisierung. Er verhindert ein falsches Pathos. Und deshalb sollten wir den Leuten ihren Dialekt nicht austreiben. Sondern sie auffordern, so zu reden, wie ihnen der Schnabel gewachsen ist. Das Schöne ist dabei auch: Dialekt ist ein Stück Heimat, das man mitnehmen kann in die Welt: Wenn der Jürgen Klinsmann in Kalifornien schwäbisch schwätzt und *»die, wo«* sagt – dann isch Kalifornien eben daheim!

Die Frage danach, was Heimat bedeutet, stellt sich auch vor dem Hintergrund der großen sozialen, kulturellen und nicht zuletzt religiösen Vielfalt, die unsere moderne Gesellschaft prägt. Dabei müssen wir bedenken: dass Menschen verschieden sind, ist nicht nur etwas Äußerliches. Nein, die Einzigartigkeit eines jeden Menschen macht das Menschsein überhaupt erst aus. Die Philosophin Hannah Arendt, die mein politisches Denken wie niemand sonst prägt, spricht deshalb von dem »im Plural erschaffene[n] Mensch[en][1]«. Kein Mensch, der geboren wird, gleicht irgendeinem, der vor oder nach ihm auf der Welt ist. Deshalb ist jeder Mensch ein schöpferischer Neuanfang. Er kann denken, reden und tun, was niemand vor ihm gedacht, gesagt oder getan hat. So schreibt Augustinus: »[initium] ergo ut esset, creatus est homo[2]« – der Mensch ist geschaffen, damit ein Anfang sei.

Die Pluralität des Menschen ist die Grundlage der Politik. Nach Hannah Arendt handelt Politik »von dem Zusammen- und Miteinander-Sein der *Verschiedenen*«[3]. Ihr zufolge ist die Verschiedenheit der einzelnen Menschen innerhalb einer Gesellschaft sogar größer als die relative Verschiedenheit von Völkern, Nationen oder Rassen. Diesen Gedanken muss man in seiner ganzen Radikalität erfassen. Und auch das, was daraus folgt: Unterschiede darf man nicht leugnen oder abschaffen, sondern muss sie organisieren.

Das ist *die* Aufgabe von Politik. In Hannah Arendts Worten: »Politik organisiert ja von vornherein die absolut Verschiedenen im Hinblick auf *relative* Gleichheit und im Unterschied *zu relativ* Verschiedenen.«[4] Es sind Verschiedene, die sich gerade aufgrund ihrer radikalen Verschiedenheit die gleiche Würde und gleiche Rechte zubilligen. Das ist der Kern der Demokratie. Die Würde des Menschen achten heißt daher auch immer und unbedingt, ihn als individuelle Person ernst zu nehmen.

In unserer modernen Gesellschaft nehmen Individualisierung und Pluralisierung immer mehr zu. Das hat viel mit der Ausdifferenzierung zu tun. Damit, dass wir eben nicht mehr in der traditionellen Gemeinschaft leben, wo jeder jeden kennt. Sondern in einer Gesellschaft mit komplexen und über weite Strecken anonymen Handlungszusammenhängen – etwa in Staat und Wirtschaft, in Politik, Recht und Finanzen, im Gesundheits- und Bildungssystem, in Medien, Kultur und Zivilgesellschaft.

Ein großer Fehler des alten oder gar reaktionären Konservatismus ist es, so zu tun, als ob wir der modernen Gesellschaft traditionelle Gemeinschaftsformen einfach überstülpen könnten. So als würde der über das globale Finanzsystem oder ein ausdifferenziertes Rechtssystem vermittelte Zusammenhang von Menschen ähnlich funktionieren wie eine traditionelle Dorfgemeinschaft. Weil das aber nicht der Fall ist und weil die alten Formen ihr nicht aufgezwungen werden können, stellt sich die Frage: Was hält unsere

Gesellschaft zusammen? Unsere Gesellschaft mit all ihrer Vielfalt und Individualisierung, ihrer Differenzierung und Komplexität, ihren Brüchen und Widersprüchen? Das ist eine Grundfrage der Moderne. Und heute stellt sie sich mit besonderer Dringlichkeit.

Sie stellt sich nicht nur, weil große Umbrüche unsere alten Gewissheiten in Frage stellen, sondern auch weil viele den Eindruck haben, dass die Individualisierung bis ins Extrem getrieben wird. Natürlich ist es ein großer Freiheitsgewinn, wenn in der offenen Gesellschaft jeder nach seiner Fasson leben und sein Glück suchen kann. Und auch Vielfalt bedeutet oft einen großen Zugewinn. Die gesellschaftlichen Modernisierungen der letzten Jahrzehnte – wie die Gleichstellung von Mann und Frau, die Akzeptanz sexueller Vielfalt und verschiedener Familienmodelle oder religiöse Toleranz – sind ja wichtige Errungenschaften.

Gleichzeitig warnen manche davor, dass die Individualisierung zur Atomisierung wird. Sie sprechen sogar von einem »Aufstand der Atome«. Und es stimmt ja: Wenn Individualismus zum Egoismus der Vereinzelten wird, dann löst sich der gesellschaftliche Zusammenhalt auf. Was steckt aber hinter diesen Entwicklungen? Ist etwa der Liberalismus, der die Freiheit und Verschiedenheit der Einzelnen verteidigt, an eine Grenze geraten?

Wenn man Liberalismus mit Marktradikalismus gleichsetzt, dann ist das ganz sicher der Fall. Denn man kann die Atomisierung nicht durch noch mehr

Atomisierung bekämpfen. Nichts anderes wollte die damalige britische Premierministerin Margaret Thatcher, als sie sagte: »There is no such thing as society.« Wer keinen Begriff mehr hat für sozialen Zusammenhang, der hat auch keine politische Antwort mehr auf die Frage danach, wie man ihn stärken kann. Der Marktradikalismus verschärft die Ängste, die aus den Umbrüchen der Zeit entstehen.

Allerdings ist auch die illiberale Antwort falsch, nämlich das autoritäre Denken, der Populismus und Nationalismus, die heute wieder grassieren. Sie wollen die Unterschiede in modernen Gesellschaften ausmerzen. Die Menschen sollen sich als Teil eines ethnisch oder kulturell homogenen Volkes fühlen. Der neue Nationalismus träumt sich eine Neuauflage der traditionellen Gemeinschaft herbei: die homogene *Volksgemeinschaft*, die es doch real nie gegeben hat.

Dieses Phantasieprodukt steht vollkommen quer zu unserer hochkomplexen, ausdifferenzierten Gesellschaft. Das völkische Denken schafft gerade keinen Zusammenhalt und bietet keine Heimat. Im Gegenteil: Es raubt denen die Heimat, die aus einer willkürlichen Definition der »Gleichheit« heraus als nicht zugehörig abgestempelt werden. Sie werden, so Hannah Arendt, »nicht verfolgt, weil sie dieses oder jenes getan oder gedacht hätten, sondern auf Grund dessen, was sie unabänderlicherweise sind[5]« – aufgrund Hautfarbe, Herkunft, Religion oder Geschlecht. Solches Denken hat unser Land und ganz Europa im

20. Jahrhundert in die Katastrophe zweier Weltkriege geführt. Das ist die geschichtliche Erfahrung, die wir damit gemacht haben und die wir nicht noch einmal machen wollen.

Wenn die beiden extremen Positionen also falsche Antworten auf die Frage nach Heimat und Zusammenhalt liefern, wo liegt dann die bessere und richtige Antwort?

Auch hier braucht es einen Weg der guten Mitte – einen Weg abseits des überbordenden Individualismus einerseits und gefährlicher Volksgemeinschaftsphantasien andererseits. Um diesen Weg näher zu beschreiben und praktisch zu gehen, bedarf es einer zweiten Reflexion des Konservativen. Die erste bestand ja in der folgenethischen Betrachtung der Technik, die zentral ist, um eine ökologisch nachhaltige Politik zu begründen. Bei der zweiten Reflexion geht es um einen bewussten Abstand zur Sache, der im älteren Konservatismus so noch nicht gegeben war. Dieser Abstand, den wir brauchen, gründet in einer einfachen Überlegung: Politik kann Heimat und Zusammenhalt genauso wenig verordnen, wie sie Glück verordnen kann. Denn zu bestimmen, wie, wo und mit wem man leben und glücklich werden will, obliegt nicht dem Staat, sondern der Freiheit und Selbstbestimmung seiner Bürgerinnen und Bürger.

Aus diesem Grund können Staat und Politik nur in einem Abstand agieren, der die Rechtsstaatlichkeit und die Freiheit der vielen Einzelnen achtet. Forderungen nach einer Leitkultur jenseits unserer gemeinsamen Verfassung und Sprache sind deshalb höchst bedenklich. Und ganz heillos ist der Weg eines »wir drinnen« und »ihr draußen«, wie wir ihn von den Populisten und Fundamentalisten kennen. Um eine homogene Einheit zu formen, müsste der Staat schon »entweder zur Kirche oder zur Zwangsanstalt oder zu beidem zugleich« werden, so Dolf Sternberger. Als freiheitlicher Staat trägt er also die Pluralität stets in sich. Sternberger bringt das auf die Formel: »Einheit ist unmenschlich, Einigung ist menschlich« – und meint damit nicht nur materielle Kompromisse, sondern gerade auch die Legitimation durch Verfahren, die die Institutionen des Verfassungsstaates im Kern ausmacht, und mit deren Hilfe sich Unterschiede organisieren lassen.[6] Demokratische Politik kann nicht besondere Gemeinschaften und Beziehungen privilegieren, um gleichzeitig andere abzuwerten und auszugrenzen. Angesichts der Vielfalt unserer offenen Gesellschaft läge darin kein Programm des Zusammenhalts, sondern eines der noch tieferen Spaltung.

Vor allem aber müssen Politiker sich darum bemühen, einen politischen Rahmen zu schaffen, in dem Menschen sich beheimatet fühlen können. Sie müssen Kümmerer dafür sein, dass Menschen sich im Rahmen der allgemeinen Regeln frei entfalten und jene Bindungen eingehen können, aus denen dann Zusammenhalt erwächst.

Auf dem Weg zu diesem Ziel setze ich auf dreierlei: Auf eine starke und vielfältige bürgerschaftliche

Gemeinschaft. Auf politische Beteiligung der Bürger in einer starken Demokratie. Und auf zivilisierten Streit als lebendige und respektvolle Form des Austauschs, um gesellschaftliche Konflikte auszutragen.

Politikerinnen und Politiker, die diesen Weg gehen, sind für mich Arbeiter im Weinberg des Zusammenhalts. Sie folgen – bewusst oder unbewusst – einer neuen Idee des Konservativen, die auf freiheitliche Weise Zusammenhalt und Heimat schaffen will. Und das heißt Vielfalt *und* Zusammenhalt zu verbinden, ebenso wie offene Gesellschaft *und* Heimat. Das ist ein Programm, das unsere Demokratie bewahrt und gestaltet – ohne Zwangsbeglückung und Vorgaben für das gute Leben des Einzelnen durch den Staat.

Gemeinschaft und Bürgersinn

Heimat in der Gemeinschaft finden – das gelingt dort, wo der Bürgersinn stark und lebendig ist. Denn wenn Menschen sich für ihr Gemeinwesen engagieren, ohne immer auf den Staat zu setzen, dann schaffen sie Heimat. Was wäre unser Land ohne die vielen Vereine und Initiativen, die Kultur, Sport, soziale Begegnung, ökologisches Engagement und religiöse Praxis ermöglichen?

An dieser Art von Heimat lässt sich also bauen, man kann sie vermehren. Und wer selbst die wohltuende Wirkung gespürt hat, der wird gerne seinen Teil beitragen, auch andere in dieser Weise in das

Gemeinwesen hineinzuholen – und zwar nicht nur Neuankömmlinge, sondern auch viele Alteingesessene, die in den politischen, wirtschaftlichen, sozialen und kulturellen Umbrüchen der Zeit das Gefühl von Heimat und Mitte verloren haben.

Und hier liegt für mich die erste Antwort auf die Frage nach Heimat und Zusammenhalt, nämlich in der Rolle von Gemeinschaften in der modernen Gesellschaft. Die moderne Gesellschaft kann von sich aus keine homogene, die Lebensweise ihrer Mitglieder bis ins Einzelne prägende Gemeinschaft mehr sein – was ja die verhängnisvolle Illusion des Nationalismus ist. Der Staat, der freiheitlich bleiben will, kann und darf den Menschen keinen Sinn aufzwingen. Stattdessen sieht er es als seine Aufgabe, einen »Leerraum« zu schaffen, der jedem Menschen ermöglicht »zu denken, zu glauben, zu hoffen und zu handeln, wie es ihm sein inneres Gewissen eingibt«[7]. Um diesen Leerraum anzufüllen, bedarf er sinnstiftender Gemeinschaften. Mit ihnen bilden und erhalten sich die Wertfundamente, auf denen der Staat gründet. Eine Gesellschaft, die frei, offen und lebendig ist und zugleich zusammenhält, ist mehr als eine Ansammlung beziehungsloser Individualisten. Sie ist immer auch eine »Gemeinschaft von Gemeinschaften«.

Vereine, Verbände, Bürgerinitiativen, Genossenschaften, Parteien und naturgemäß besonders auch Kirchen und Religionsgemeinschaften tragen vieles zur Sinnstiftung und zur Werteerziehung bei. Es handelt sich um Gemeinschaften, die auch in sich wieder plurale Zusammenhänge mit vielen Gruppen, Untergliederungen und Einzelinitiativen sind. Und der Staat wäre doch schlecht beraten, wenn er die unterschiedlichen Sinnhorizonte, Motivationen und Gemeinschaftsbezüge seiner Bürgerinnen und Bürger, die hier wirksam sind, geringschätzen würde und ihnen sagte: Du musst erst ein ganz abstrakter Staatsbürger sein, jenseits aller sonstigen Wertbindungen, damit du im politischen Gemeinwesen etwas bewegen kannst. Nein, wir wollen, dass die Bürgerinnen und Bürger sich mit ihren konkreten Motivationen einbringen, dass sie sich einbringen als Gewerkschafter oder Unternehmer, als Christen oder Muslime, als Mitglieder in Parteien oder der Freiwilligen Feuerwehr, als Engagierte in der Nachbarschaftshilfe, der Bürgerinitiative oder beim Urban Gardening. Denn unser Gemeinwesen braucht dringend Menschen, die sich nicht egoistisch aus den Bindungen verabschieden.

Ein zeitgemäßer Konservatismus schützt das Gemeinschaftliche. Aber er tut es auf reflektierte Weise, indem er das, was Gemeinschaften zum Zusammenhalt beitragen, wertschätzt, es aber nicht einfach mit dem Staatlichen gleichsetzt. Was der Staat beitragen kann, ist nicht zuletzt die demokratische Mitwirkung und die Verfassungsgrundlage, die bestimmt, wo die eigene Freiheit endet und die des Anderen beginnt.

Wenn Freiheitsrechte der Einzelnen mit den Ansprüchen von Gemeinschaften in Einklang gebracht werden sollen, entstehen praktische Probleme. Sie sind unter anderem in der angelsächsischen Debatte zwischen Liberalen und Kommunitaristen diskutiert worden. Auf der einen Seite stehen hier liberale Denker wie John Rawls, die die Bedeutung der individuellen Rechte hervorheben, dabei aber auch in einem sozialliberalen Sinn die gesellschaftlichen Mechanismen, die für den Schutz dieser Freiheit nötig sind, mitbedenken. Auf der anderen Seite stehen kommunitaristische Denker des Gemeinschaftlichen wie Michael Walzer oder Charles Taylor. Sie beziehen sich unter anderem auf Aristoteles und Hegel und stellen heraus, wie wichtig Gemeinschaftsbeziehungen für die persönliche Entwicklung und die Identität von Individuen sind. Für mich sind hier Überlegungen besonders interessant, die wiederum das »Und« in den Blick nehmen und zwischen den liberalen und kommunitaristischen Perspektiven und Ansprüchen auf Freiheit und Gemeinschaftlichkeit vermitteln. Etwa die Idee des »overlapping consensus«[8] von John Rawls, die darauf zählt, dass Grundhaltungen und Werte von wichtigen Gemeinschaften einer demokratischen Gesellschaft sich gegenseitig überschneiden und in den grundlegenden Normen und Institutionen dieser Gesellschaft übereinkommen.

Auf unsere heutige Situation in Deutschland angewandt, heißt das zum Beispiel, dass ein zeitgemäßer und weltoffener Islam mit den Werten der sozialen Fürsorge und Wohlfahrt, die er aus seiner Tradition besonders hochhält, auch einen wichtigen Beitrag zum Zusammenhalt der bundesdeutschen Gesellschaft leisten kann. Das zu sehen ist sehr wichtig. Denn eine Politik, die zusammenführen will, darf nicht nur darüber reden, was uns unterscheidet und trennt. Sie muss vor allem darauf achten, was Menschen aus verschiedenen Gruppen aus ihren ureigensten Antrieben und Haltungen heraus mit Menschen aus anderen Gruppen zusammenbringt und unser demokratisches Gemeinwesen stärkt. Wenn es uns gelingt, unsere Gesellschaft der vielen Einzelnen zumindest ein Stück weit im Sinne einer offenen »Gemeinschaft von Gemeinschaften« zu organisieren, dann haben wir mehr als nur eine Anhäufung von Individuen, dann haben wir mehr Zusammenhalt, dann entsteht Heimat.

Politik des Gehörtwerdens

Den Bürgersinn stärken bedeutet auch, mehr Menschen mehr Mitsprache ermöglichen. Schon in der berühmten Leichenrede des Perikles, in der die demokratische Verfassung Athens gepriesen wird, heißt es: »Nur bei uns ist ein stiller Bürger kein guter Bürger.«[9] Und genau darum geht es mir: dass die Menschen sich in die Politik einbringen. Denn nicht dort, wo die Leute sich einmischen – zum Teil auch in sehr zugespitzter Weise –, ist die Demokratie in Gefahr, sondern dort, wo sie sich abwenden von der *res publica*, den öffentlichen Angelegenheiten. Dort, wo Friedhofsruhe herrscht in der Öffentlichkeit.

Damit Menschen sich besser einbringen können, habe ich in Baden-Württemberg eine Politik des Gehörtwerdens etabliert. Ausgangspunkt war damals der Konflikt um das Bahnprojekt Stuttgart 21. Der lange Streit um den Bau des Tiefbahnhofs hatte die Bürgerschaft in Stuttgart und darüber hinaus tief gespalten. Ich habe deshalb nach einem neuen Politikstil gesucht, nach neuen Verfahren, die die Bürgerinnen und Bürger wieder zusammenbringen. Im Mittelpunkt meiner Überlegungen standen eine stärkere Bürgerbeteiligung und mehr direkte Demokratie. Nur ein paar Monate nach dem Amtsantritt führte die neu gewählte grün-rote Landesregierung im Herbst 2011 dann zu Stuttgart 21 die erste Volksabstimmung in der Geschichte des Landes durch. Eine mutige Idee meines damaligen Stellvertreters Nils Schmid, dessen Sozialdemokraten große Befürworter des Projekts waren. Das Ergebnis ist bekannt: Das Volk stimmte für einen Weiterbau des Tiefbahnhofs. Für uns Grüne war das eine bittere politische Niederlage, und für mich selbst der bisher schwierigste Moment meiner Amtszeit als Ministerpräsident. Wir Grüne hatten jahrelang gegen Stuttgart 21 gekämpft. Doch die Mehrheit entschied gegen uns. Wir, die wir seit unserer Gründung vehement für direkte Demokratie eingetreten sind, bekamen bei der ersten Probe aufs Exempel gleich richtig eins aufs Dach. Aber es gehört zur Demokratie, Mehrheitsentscheidungen zu akzeptieren – unabhängig davon, wie sie ausfallen. Und das haben wir getan, auch wenn es uns schwergefallen ist. Vielen Bürgern, die mit uns gegen Stuttgart 21 gestritten haben, ist es ähnlich gegangen. Sie brauchten eine ganze Weile, bis sie das Ergebnis letztendlich akzeptiert haben. Aber der Volksentscheid hat die Spaltung überwunden. Er war neben der Entscheidung in der Sache auch ein Mittel des Zusammenhalts.

Meine Landesregierung hat daraus politische Konsequenzen gezogen: die Politik des Gehörtwerdens. Dazu habe ich mit Gisela Erler eine Staatsrätin für Zivilgesellschaft und Bürgerbeteiligung berufen. Also eine ehrenamtliche Ministerin, was gut zu dem Thema passt. Wir haben die direkte Demokratie gestärkt und die Hürden für Volksentscheide abgesenkt. Vor allem aber haben wir auf mehr Bürgerbeteiligung gesetzt: In Dutzenden von Beteiligungsverfahren haben sich die Menschen in den letzten Jahren eingebracht – egal ob es um die Einrichtung eines Nationalparks, ein neues Klimaschutzkonzept oder die Ansiedlung eines Gefängnisses ging. Es ist nicht immer der einfachste Weg. Manchmal gibt es auch Rückschläge, und man schwitzt sich das Hemd durch. Und der siebzehnte »Besserwisser« kann auch schon mal ganz schön nerven. Aber der Weg ist richtig. Denn in Zeiten, in denen unsere Gesellschaft immer vielfältiger wird und viele Probleme immer komplexer, braucht es einen neuen Politikstil. Einen Politikstil, der die Menschen, ihr Wissen und ihre

Erfahrungen einbindet und der offen ist für Neues. Einen Politikstil, der weiß, dass die Entscheider nicht alles besser wissen, und der den Bürgern viel zutraut.

Das heißt allerdings nicht, dass wir aus Baden-Württemberg den größten Debattierklub aller Zeiten gemacht haben, in dem nichts mehr entschieden wird. Das wäre ein Missverständnis. Klar ist: Zum Schluss wird entschieden. Entscheider sind die dafür in unserer Verfassungsordnung vorgesehen Organe. Je nach Zuständigkeit sind das der Gemeinderat einer Kommune, der Landtag, der Bundestag und der Bundesrat oder, im Fall von direkter Demokratie, das Volk selbst.

Und dabei gilt, wie immer in der Demokratie: Es entscheidet die Mehrheit und nicht die Wahrheit. Um das absolut Wahre und Falsche geht es in Diktaturen und nicht in Demokratien. Auch deshalb ist für Fanatismus in demokratischen Auseinandersetzungen kein Platz. Über letzte Glaubensfragen und absolute Wahrheitsansprüche wird in der Demokratie gerade nicht verhandelt. Und die Mehrheit der Bevölkerung kann selbstverständlich genauso irren wie die Minderheit. Die Narren von heute können die Helden von morgen sein – aber sie können natürlich auch die Obernarren von morgen sein. Wer will das im Voraus sagen? Und die Minderheit muss immer faire Bedingungen vorfinden, auch zur Mehrheit werden zu können.

Aus all dem folgt, dass der Erfolg der Politik des

Gehörtwerdens nicht daran gemessen werden kann, ob man als einzelner Bürger oder als Gruppe im Verfahren *erhört* wurde, ob man also seine Sicht der Dinge durchsetzen konnte oder nicht. Der Erfolg bemisst sich vielmehr daran, ob Bürgerschaft und Institutionen an einem fairen Verfahren beteiligt waren, in dem niemand übergangen wurde und alle Anliegen angemessen Gehör gefunden haben.

Deshalb beziehen wir nicht nur die »üblichen Verdächtigen« ein, die bekannten und vielfältig engagierten Menschen. Sondern wir schaffen Räume, in denen auch zufällig aus dem Melderegister ausgewählte Bürgerinnen und Bürger einbringen können, was sie bewegt. Das mag ungewöhnlich anmuten. Aber der besondere Effekt des Zufallsprinzips ist, dass sich auch Menschen äußern, die ansonsten selten das Wort ergreifen.

Die Politik des Gehörtwerdens ist so auch eine Politik der Beheimatung, die Menschen ins Gemeinwesen holt, indem sie sie zu aktiven Mitspielern macht. Sie hilft, Heimat als den Ort zu schaffen, an dem ich gehört werde und mitgestalten kann, an dem ich »verstehe und verstanden werde«[10] (Karl Jaspers). Ein solches Gestalten der Heimat denkt Heimat letztlich beinahe schon im Sinne Ernst Blochs nach vorne in die Zukunft – als noch zu schaffenden Ort, »worin noch niemand war«[11].

Demokratie ist ein wichtiges Stück Heimat. Demokratie schafft Zusammenhalt. Auch in den Menschenrechten sind wir beheimatet. Oder in der religiösen Toleranz, so wie Lessing sie uns in »Nathan der Weise« nahebringt, das mit Recht noch immer zum Kanon dessen gehört, was Schüler in der Schule lesen. Und auch im moralischen Universalismus sind wir zu Hause, etwa bei Immanuel Kant, der uns lehrt, dass die Regeln, die wir uns geben, für alle gelten und nicht einige »gleicher« sind als andere.

Wenn wir uns anschauen, was heute in Polen und Ungarn geschieht, wo Populisten und Autoritäre Demokratie und Verfassung aushöhlen, dann sehen wir auch, wie Menschen heimatlos gemacht werden. Nicht, dass wir von dort jetzt große Fluchtbewegungen hätten. Aber viele gehen in die innere Immigration. Wo Demokratie abgebaut wird, da wandern die Menschen ins Innere aus. Sie haben Angst, sie schweigen. Sie fühlen sich nicht mehr zu Hause im eigenen Land. Die Sprachlosigkeit reicht bis ins Innerste von Familien. Deswegen zielt eine Politik, die Heimat bewahren und schaffen will, auf die Stärkung von Demokratie und Bürger- und Freiheitsrechten.

Der Populismus, der ja oftmals versucht, sich als konservativ zu tarnen, zerrüttet Heimat. Er setzt auf Spaltung, auf ein »Wir gegen die Anderen«. Wer aber andere ausgrenzen muss, damit er sich selbst findet, ist ein heimatloser Geselle. Nationalismus und völkisches Denken sind reaktionär, nicht konservativ. Heimat meint nicht Enge und Spaltung, sondern Zusammenhalt in Freiheit und Vielfalt.

Der Verfall der politischen Kultur, den wir heute vielfach erleben, hat etwas Unheimliches. Sigmund Freud, der Vater der Psychoanalyse, der viel über die Frage nachgedacht hat, wie das Unheimliche ins Heimische kommt, hilft uns hier zu einem vertieften Verständnis. Er sagt: »Das Unheimliche des Erlebens kommt zustande, … wenn *überwundene* primitive Überzeugungen«[12] wieder an die Oberfläche gelangen. Und das trifft heute zu. Hier wird ein Prozess der Zivilisation rückabgewickelt.

Eine neue Idee des Konservativen hat die Ideen der Aufklärung und des moralischen Universalismus dagegen tief verinnerlicht. Sie ist eine zutiefst liberale Haltung, die die unveräußerlichen Rechte des Einzelnen wahrt und schützt. In einem solchen liberalen Konservatismus ist kein Platz für völkisches Denken. Er propagiert auch keine besondere Kultur einer einzelnen Gemeinschaft als Leitkultur, die allen anderen übergestülpt werden muss. Seine Leitkultur ist das Grundgesetz – die gleichen Rechte, Pflichten und Freiheiten für alle mit den Rechten und Freiheiten der anderen als ihrer Grenze. Denn Differenz ist ja der Sinn von Freiheit.

Insofern pflegt der neue Konservatismus einen Verfassungspatriotismus, wie ihn etwa Dolf Sternberger oder Jürgen Habermas vertreten, und weist gleichzeitig darüber hinaus. Heimat bedeutet für ihn

Zusammenhalt plus Liberalität in einem aufgeklärten und einschließenden Patriotismus. Ein Patriotismus, der nicht ausgrenzt, sondern offen ist in der Liebe zum eigenen Land.

Zivilisiert streiten

Konflikte sind in einer Demokratie nicht nur unvermeidlich, sondern notwendig und gut. Nur in einer Debatte darüber, in welcher Welt wir leben wollen, kann ein gemeinsames Bild von unserer Gesellschaft entstehen. Ich bin überzeugt: Zivilisierter Streit hält die Gesellschaft zusammen, unzivilisierter Streit treibt sie auseinander.

Zivilisiert ist politischer Streit dann, wenn er mit Respekt geführt wird und auf Fakten basiert. Dabei geht es nicht bloß um Toleranz, sondern darum, dass die Menschen sich in ihrer Pluralität angemessen artikulieren können. Es geht um Dialog und den Respekt füreinander, der Differenz anerkennt und gleichzeitig Bindung ermöglicht.

Ein solcher Dialog ist nicht immer einfach. Er ist gerade kein Ringelpiez mit Anfassen und kein: »Wir haben uns alle lieb!«. Sondern ein kontroverser und streitbarer Austausch. Doch die Anderen sind dabei keine *Feinde*, die man vernichten will, sondern allenfalls *Gegner* in einer Debatte, in der man nach gemeinsamen Lösungen sucht. Denn Politik fängt eben nicht mit dem »öffentlichen Feind«[13] an, wie bei Carl Schmitt, sondern mit der Fähigkeit, sich in andere hineinzuversetzen – also auch »an der Stelle jedes anderen denken«[14] (Kant). Für Hannah Arendt kommt es darauf an, in der Meinung des anderen das herauszufinden, wo in dieser Meinung etwas von dem objektiven Sosein der Welt durchscheint.[15] Der Diskurs unter Demokraten sollte immer ein in diesem Sinne freundschaftlicher Diskurs sein.

Es ist kein Defizit, wenn wir Dinge unterschiedlich sehen. Die »Fähigkeit, dieselbe Sache aus den verschiedensten Gesichtspunkten zu erblicken«[16], macht nach Hannah Arendt das Zusammenleben in der demokratischen Gesellschaft, ja unser Verständnis der Welt überhaupt erst aus. Denn jeder schaut auf die gleiche Sache von einem anderen, nämlich zunächst von seinem Standort aus. »Eine gemeinsame Welt verschwindet, wenn sie nur noch unter einem Aspekt gesehen wird; sie existiert überhaupt nur in der Vielfalt ihrer Perspektiven.«[17] Deshalb ist es so wichtig, dass wir respektvoll und fair mit der Vielfalt der Menschen, der Meinungen und der Lebensstile umgehen – in der Politik, aber auch auf der Straße, auf den Schulhöfen und genauso in der digitalen Welt. Es gilt, keine Gräben aufzureißen, die unweigerlich entstehen, wenn man andere beschimpft oder in eine Ecke stellt. Wer den Zuzug von Asylbewerbern begrenzen möchte, ist deshalb noch kein Nazi. Und wer weiterhin Flüchtlinge aufnehmen will, kein Volksverräter. Wer etwas anderes will, ist deshalb nicht zwangsläufig böse, dumm oder naiv. Sondern vielleicht einfach nur anderer Meinung.

Außerdem dürfen wir Probleme, die viele Menschen bewegen, nicht aus falsch verstandener Rücksichtnahme in Watte packen oder gar unter den Tisch kehren. Unangenehme Realitäten müssen offen angesprochen und ehrlich diskutiert werden. Ansonsten spielen wir genau denjenigen in die Hand, die Ängste schüren und damit unsere Gesellschaft auseinandertreiben wollen.

Nirgendwo wird das so deutlich wie beim Umgang mit den schlimmen Vorfällen der Silvesternacht 2015 in Köln. Damals wurden hunderte Frauen Opfer von sexuellen Übergriffen und Diebstählen. Die Tatverdächtigen waren vor allem junge Männer aus dem nordafrikanischen und arabischen Raum, die sich in Gruppen zusammengetan hatten. Die Polizei sprach zunächst von weitgehend friedlichen Silvesterfeierlichkeiten und informierte auch in den Tagen danach die Öffentlichkeit nur zögerlich. Auch die Medien berichteten anfangs kaum über die Vorfälle.

Das war verhängnisvoll. Denn als nach und nach das ganze Ausmaß der Übergriffe bekannt wurde und eine breite Berichterstattung und öffentliche Debatte einsetzte, war das Kind schon in den Brunnen gefallen. Viele Menschen hatten den Eindruck, Politik und Medien würden bewusst Dinge verheimlichen. Die Folge: Die Verunsicherung in der Bevölkerung wuchs. Genauso wie das Misstrauen gegenüber Politik und Medien und die Ressentiments gegenüber Flüchtlingen im Allgemeinen. Dazu kam, dass manche Kommentatoren die Vorfälle relativierten, indem sie etwa darauf hinwiesen, dass solche Übergriffe beim Oktoberfest doch gang und gäbe seien. Selbst wenn es so wäre – es gibt keine Gleichheit im Unrecht. Und ich kann auch verstehen, dass viele Leute besonders empört sind, wenn solche Straftaten von Menschen begangen werden, die bei uns Schutz suchen.

Letztlich war der Umgang mit den Übergriffen nicht nur Wasser auf die Mühlen der Rechtspopulisten. Er hat auch dem Vertrauen in die politisch Verantwortlichen und den Journalismus einen schweren Schlag versetzt. Das zeigt, wie wichtig es ist, die Dinge klar anzusprechen.

Genauso wichtig ist auch die Frage, *wie* wir miteinander reden. Denn Worte können besänftigen, schlichten, zusammenführen. Und Worte können wie Keulen wirken. Heute erleben wir eine Polarisierung der Sprache: Auf der einen Seite ein zunehmender Verbalradikalismus, der spaltet und wie ein Brandbeschleuniger wirkt. Auf der anderen Seite eine überspannte und verquaste politische Korrektheit, die bei manchen Menschen für ein Gefühl der Entfremdung sorgt. Auch hier braucht es eine gute Mitte: eine Kommunikation, die Tabubrüche und Diskriminierungen klar als solche benennt, und gleichzeitig eine »robuste Zivilität«[18], die uns vieles aushalten lässt, was uns darüber hinaus sonst gegen den Strich gehen mag.

Es geht also um Respekt *und* Klarheit. Und das heißt auch: Wir Politiker müssen so sprechen, dass jeder uns versteht – gerade auch die Menschen, die sich neben ihrem anstrengenden Alltag nur nebenbei mit Politik beschäftigen. Denn im Nicht-Verstehen entsteht schon die erste Entfremdung zwischen »denen da oben« und »uns hier unten«.

Und wir müssen Brücken bauen zu Menschen, die sich von der Gesellschaft abwenden oder ganz anders ticken als wir selbst. Wir müssen ihnen zuhören und versuchen, ihre Perspektiven zu verstehen. Und ihre Sorgen und Ängste ernst nehmen – auch dann, wenn wir sie nicht teilen. Das heißt keineswegs, dass wir diffusen Ängsten nachgeben und uns von ihnen leiten lassen. Nein, unsere Haltung muss klar sein. Wir schüren keine Ängste, aber wir setzen uns mit ihnen auseinander. Wir klären auf und erarbeiten Lösungen.

Außerdem gilt es, die Wahrheit in den Tatsachen zu suchen. Denn es gibt nur ein Recht auf eigene Meinung, nicht aber auf eigene Fakten. Erst wenn wir Fakten anerkennen und nach sachlicher Richtigkeit streben, haben wir ein *gemeinsames* Sachfundament, auf dem wir streiten, diskutieren und unsere Vorurteile aufhellen können, wie Hannah Arendt sagt.[19] Das Verdrehen von Tatsachen ist das Feld der Demagogen. Nur indem wir selbst redlich argumentieren und glaubwürdig handeln, können wir dagegen Dämme errichten. Wenn uns dies alles gelingt, dann kann der demokratische Streit unsere Gesellschaft enger zusammenführen und stärken.

Politische Parteien – jenseits von Liebesheirat und Zwangsehe

Politische Parteien spielen in der demokratischen Streitkultur eine wichtige Rolle. Bei uns genießen sie sogar Verfassungsrang und haben den ausdrücklichen Auftrag, an der politischen Willensbildung mitzuwirken. Allerdings sind die Parteiensysteme in vielen westlichen Staaten in einem tiefen Umbruch begriffen – in anderen Ländern sogar noch viel mehr als bei uns. Die Politikverdrossenheit wächst. Das Vertrauen in die Parteien befindet sich im Sinkflug. Und die Populisten erstarken allerorten. Manche Menschen stellen sogar die liberale Demokratie selbst in Frage. Sie sind überzeugt, dass »die da oben« sowieso machen, was sie wollen.

In dieser Situation kommt Parteien eine besondere Verantwortung zu. Sie müssen den Menschen ihre Politik erklären – und zwar allen und nicht nur ihren Anhängern. Denn hier besteht ohne Frage ein Defizit. Parteien und Politiker dürfen sich nicht hinter Zahlen, Paragraphen und Statistiken verstecken. Sondern sie müssen anschaulich über ihre politischen Ziele sprechen. Und darüber, welche Werte und Prinzipien sie leiten. Was sind ihre langen Linien und die übergeordneten Ideen? Was ihre Vision? Und wie hängt Maßnahme A mit Maßnahme B zusammen? Wenn Parteien ihre Politik erklären und sich bemühen, die Menschen mitzunehmen, dann bieten sie auch wieder mehr Orientierung und können verlorengegangenes Vertrauen zurückgewinnen.

Aber demokratische Parteien müssen nicht nur gut kommunizieren. Sie müssen auch gut regieren. Sie müssen beweisen, dass sie in der Lage sind, die Probleme unserer Gesellschaft wirksam zu lösen. Und dafür braucht es Verantwortungsbewusstsein, Kompromissbereitschaft und den Mut zu neuen Wegen. Im gegenwärtigen Umbruch des Parteiensystems meint das auch die Bereitschaft zu Koalitionen, die quer zum überkommenen Links-rechts-Schema liegen. Denn die Zeit der politischen »Liebesheiraten« scheint erst einmal vorbei zu sein. Die alten Lager für sich bringen keine Mehrheiten mehr zustande. Und Große Koalitionen – oder das, was von ihnen nach ein paar Legislaturperioden übrigbleibt – dürfen nicht zur Zwangsehe werden. Umso mehr, als sie den Populisten in die Hände spielen, die gegen angeblich kaum voneinander zu unterscheidende »Kartellparteien« wettern und sich gerne als die »eigentliche« Opposition gegen »die da oben« profilieren.

Aber solche farblich komplizierten Koalitionen stellen eine große Herausforderung dar. Sie setzen Courage und Verständnis für den jeweils anderen voraus. Jeder Versuch, sich »hundertprozentig« durchzusetzen, ist dabei zum Scheitern verurteilt. Das haben die Sondierungsgespräche für eine Jamaika-Koalition nach der Bundestagswahl 2017 deutlich gemacht, bei denen ich für die Grünen mitverhandelt habe. Damals ist es vier gestandenen demokratischen

Parteien nicht gelungen, sich zusammenzuraufen. Das habe ich als echtes Versagen empfunden. Natürlich ist es das gute Recht von Parteien, eine Koalition nicht einzugehen. Es gibt keine Pflicht, sich an jeder Regierung zu beteiligen. Aber die Menschen können schon erwarten, dass sich alle Parteien ernsthaft um eine Einigung bemühen. Dass alle bereit sind, auch schmerzliche Kompromisse einzugehen. Leider war das bei einer Partei, der FDP, nicht der Fall. Parteitaktische Flucht aus der Verantwortung ist die denkbar falsche Antwort in einer solch fragilen Lage. Sie zeigt, dass manche noch immer nicht verstanden haben, vor welch fundamentalen Herausforderungen unsere liberale Demokratie heute steht.

Wir hatten übrigens in Baden-Württemberg nach der Landtagswahl 2016 eine ganz ähnliche Situation. Auch bei uns war keine der Wunschkoalitionen möglich – weder die Fortsetzung von Grün-Rot noch das Wiederaufleben von Schwarz-Gelb. Wir Grüne haben uns in dieser Situation nicht weggeduckt – und die CDU auch nicht. Und davor habe ich noch heute gehörigen Respekt, denn die Union hatte zuvor ein bitteres Wahlergebnis eingefahren. Beide Parteien haben sich ihrer Verantwortung für das Land gestellt, hart verhandelt und dann ein Regierungsbündnis geschmiedet, das keiner angestrebt hatte und für das es auch kein Vorbild gab. Wir haben das auch deshalb hinbekommen, weil Wahlen für beide Partner kein Spiel sind und Kompromisse keine Demütigung.

Tatsächlich brauchen wir heute mehr demokratischen Mut zu sogenannten Komplementärkoalitionen. Also zu Bündnissen, in denen sich sehr unterschiedliche Parteien mit ihren jeweiligen Schwerpunkten einbringen, auch wenn ihre politischen und kulturellen Horizonte durchaus weit auseinander liegen. Vor allem aber müssen wir mehr demokratische Reife zeigen und ein neues Verhältnis zum Kompromiss entwickeln. Der Kompromiss hat ja traditionell nicht den besten Ruf. Da ist ganz schnell von Einknicken, Verrat oder Rückgratlosigkeit die Rede. Das ist aber Unsinn. Der Kompromiss ist der Normalmodus der Demokratie. Ohne Kompromiss kann eine bunte und vielfältige Demokratie genauso wenig funktionieren wie ohne zivilisierten Streit. Und schon gar nicht in diesen Zeiten von Pluralisierung, Polarisierung und Populismus. Die Rigorosität, der autoritäre Geist, das Schwarzweißdenken – das ist Sache der Populisten und Demokratieverächter. Demokraten müssen mutig die Offenheit ihrer Gesellschaft und den Respekt vor anderen Meinungen verteidigen. Und dass Kompromissbereitschaft nicht Beliebigkeit bedeutet, das haben wir Grünen bei den Jamaika-Gesprächen nun wirklich bewiesen. Wir sind den anderen Parteien an einigen Punkten weit entgegengekommen, teilweise sogar bis an die Schmerzgrenze. Aber wir haben uns gleichzeitig prinzipienfest gezeigt. Gerade bei unserem Kernthema der Ökologie waren wir besonders klar in unserer Orientierung. Mein Eindruck ist, dass die Menschen es sehr schätzen, wenn eine Partei in dieser Weise Wertorientierung und pragmatisches Handeln verbindet.

4.

Familie, Religion und Sicherheit

Der neue Konservatismus möchte also einen politischen Rahmen schaffen, der Zusammenhalt in Vielfalt und Heimat in der offenen Gesellschaft ermöglicht, und setzt auch hier auf ein gutes und vermittelndes »und«. Wie aber soll die Politik innerhalb dieses Rahmens konkrete gesellschafts- und innenpolitische Aufgaben angehen? Welche Politik braucht es, um Ehe und Familie zu stärken? Wie garantiert der Staat Sicherheit und schützt die Freiheit seiner Bürgerinnen und Bürger? Mit welcher Grundhaltung müssen wir Migration und Integration angehen? Und was ist der richtige Umgang mit der Religion in der offenen Gesellschaft?

Ehe und Familie: Verantwortung unterstützen

Der Schutz von Ehe und Familie ist ein grundkonservativer Gedanke. Doch was heißt das heute? Was es nicht mehr heißen kann, hat der alte Konservatismus in der Debatte um die gleichgeschlechtliche Ehe gezeigt. Ihm geht es – ganz im strukturkonservativen Sinne – allein darum, an der traditionellen Form der Ehe von Mann und Frau als einzigem Ehe-Modell festzuhalten. Der neue Konservatismus hingegen rückt den Wesenskern der Ehe in den Mittelpunkt, der auch im Wandel unserer Gesellschaft nichts von seiner Gültigkeit verloren hat: nämlich Verantwortung, Verlässlichkeit und Verbindlichkeit. Das braucht unsere Gesellschaft. Und davon kann ein Gemeinwesen nie zu viel haben – egal ob es sich um heterosexuelle oder gleichgeschlechtliche Paare handelt.

Dem zeitgemäßen Ansatz geht es um die allgemeinere Beziehungsdimension, die sich in der Ehe ausdrückt. Dabei liegt er auf einer Linie mit den Einsichten Martin Bubers[1], die gezeigt haben, welche besondere identitätsschützende und -stabilisierende Rolle die Ich-Du-Beziehung spielt. Diese enge und vertraute Beziehung ist eine ganz herausragende Beziehung in der sozialen Welt.

Ein Staat, in dem Menschen dauerhaft füreinander einstehen und das auch in der Institution der Ehe manifestieren wollen, sollte sich glücklich schätzen. In einer Zeit, in der soziale Bindungen lockerer und zeitlich begrenzter werden, findet ein neuer wertgebundener Konservatismus auch hier einen brennend aktuellen Kernbestand: die einfache Einsicht, dass der Staat Menschen, die dauerhaft Verantwortung füreinander übernehmen wollen, beistehen sollte.

Das Gleiche gilt für die Familienpolitik. Auch hier geht es nicht um das Bewahren von Strukturen, sondern um das Bewahren von Werten. In Familien wird Tag für Tag Zuneigung, Mitmenschlichkeit und Verantwortung gelebt. Das ist entscheidend – und nicht, ob es klassische Kleinfamilien, Alleinerziehende mit Kindern oder Patchworkfamilien sind, die diese Werte leben. Genauso schreibt der neue Konservatismus Familien nicht vor, wie sie zu leben haben. Er drängt weder Mütter, zu Hause bei ihren Kindern zu bleiben, noch wirkt er darauf hin, dass die Kinder in Krippe oder Kindergarten betreut werden. Vielmehr ermöglicht er den Familien Wahlfreiheit und unterstützt sie auf ihrem Weg.

Dabei ist klar: Gute Startbedingungen für alle Kinder gehören zu den wichtigsten Gerechtigkeitsfragen der Zeit. Denn nie wieder lernen wir so viel wie in den ersten Jahren unseres Lebens. Gerade Kinder aus bildungsfernen, einkommensschwachen oder Migranten-Familien sind auf gute Kindertagesstätten angewiesen. Ein Konservatismus auf der Höhe der Zeit hat das Wohl aller Kinder und Familien im Blick.

Der Fremde, der Nächste

Noch bis ins 19. Jahrhundert war Deutschland ein Auswanderungsland. Viele Menschen versuchten, Not und Perspektivlosigkeit zu entgehen. Aber es war nicht immer leicht für deutsche Migranten in der neuen Heimat. Benjamin Franklin, einer der Gründerväter der Vereinigten Staaten, hat sich einmal bitterböse über deutsche Auswanderer beklagt: »Warum sollten wir es dulden, dass die pfälzischen Bauern in unsere Siedlungen ausschwärmen und, sich zusammenschließend, ihre Sprache und ihre Sitten unter Ausschluss der unsrigen einführen? … bald [werden sie] so zahlreich sein …, dass sie uns germanisieren, anstatt wir sie anglisieren …«[2]

Heute ist Deutschland ein Einwanderungsland. Nicht nur viele Flüchtlinge suchen bei uns Schutz vor Krieg und Verfolgung. Auch viele Menschen, die wirtschaftlicher Not entkommen wollen, setzen ihre Hoffnungen auf unser reiches und erfolgreiches Land. Wie gehen wir damit um? Wie antworten wir auf die Fragen und Probleme, die sich daraus ergeben?

Ein neuer wertgebundener Konservatismus orientiert sich an den Normen unserer Verfassung und an einem pragmatischen Humanismus, der nicht zuletzt im christlichen Gebot der Nächstenliebe angelegt ist. Allerdings darf dieses Gebot nicht mit einem romantischen Liebesbegriff verwechselt werden. Im antiken Verständnis handelt es sich eben nicht um eine Gefühlsfrage, sondern um ein sachliches Gebot, andere ordentlich und respektvoll zu behandeln. Dass auch der Fremde der Nächste ist, entnehmen Christen etwa dem Gleichnis vom barmherzigen Samariter. Für das Christentum ist das geradezu eine archetypische Geschichte. Sie transportiert etwas vom Wesenskern des Christentums.

Die vom Gebot der Nächstenliebe inspirierte Flüchtlings- und Integrationspolitik verbindet die Hinwendung zum Anderen mit einer Hinwendung zu uns selbst. Das eine bedingt das andere. Nur wenn wir auch auf uns selbst achten und unsere Kräfte richtig einschätzen und einteilen, können wir dauerhaft für andere da sein. Für mich heißt das: Wir halten am Grundrecht auf Asyl fest und lassen daran nicht rütteln. Aber wir ignorieren auch nicht die Integrationsfähigkeit der Gesellschaft. Deshalb müssen Menschen, die nicht politisch verfolgt werden oder keinem Bürgerkrieg entflohen sind, in der Regel in ihre Heimat zurückkehren. Es geht hier um einen elementaren Zusammenhang von Humanität *und* Ordnung, den wir klar aussprechen und politisch verteidigen müssen.

Natürlich haben wir Verständnis für Menschen, die sich aus ärmeren Ländern auf den Weg machen – für ein besseres Leben, für eine bessere wirtschaftliche Perspektive. Kein Mensch verlässt seine Heimat ohne Grund. Aber das ist für sich genommen nicht vom Asylrecht umfasst. Auch deshalb brauchen wir ja dringend ein Einwanderungsgesetz. Damit wir Ordnung in die Debatte bekommen und der Unterschied zwischen Flucht und Arbeitsmigration deutlich wird. Damit hier Klarheit herrscht – für alle: Für uns, die wir das Grundrecht auf Asyl aus voller Überzeugung verteidigen. Aber auch für die Menschen, die zu uns kommen, um Armut oder Perspektivlosigkeit zu entrinnen. Denn für sie ist der Weg über das Asylrecht eine Sackgasse, während ein Einwanderungsgesetz genau definieren kann, unter welchen Bedingungen Menschen jenseits des Asylrechts nach Deutschland kommen können. Zwischen diesen Dingen darf es kein Vertun geben. Denn sonst besteht die Gefahr, dass das Asylrecht auf Dauer erdrückt wird.

Jene Neuankömmlinge jedoch, die von uns Schutz bekommen, unterstützen wir bei der Integration nach Kräften. Das ist ganz entscheidend für den Zusammenhalt. Umso mehr, als viele Menschen besorgt fragen: Wie soll die Integration gelingen? Ich verstehe solche Sorgen. Aber ich bin zuversichtlich, denn wir sind ein starkes Land. Und gerade Menschen, die ihre Heimat lieben, können nachempfinden, was es bedeutet, wenn man entwurzelt, vertrieben und seiner Heimat beraubt wird.

Aber die Integration ist alles andere als ein Selbstläufer. Sie verlangt große Anstrengungen von beiden Seiten – von den Flüchtlingen und der Mehrheitsgesellschaft. Und wir dürfen dabei die beiden großen Fehler, die wir in der Vergangenheit bei der Integration gemacht haben, in Zukunft nicht wiederholen. Der eine Fehler geht auf das Konto des linken politischen Lagers, der andere auf das des rechten. Der erste Fehler war eine zu große Toleranz gegenüber Verhaltensweisen, die mit den Werten unserer Verfassung nicht vereinbar sind. Die Lehre daraus ist: Wer hier bleibt, den müssen wir auch *fordern.* Der zweite Fehler war es, den Menschen keine Zugänge in unsere Gesellschaft, in unsere Kultur zu eröffnen, ja, sie zum großen Teil sogar zu versperren. Damit meine ich vor allem den Zugang zu unserer Sprache, aber auch den Zugang zu Bildung und Arbeitsmarkt. Die Lehre daraus ist: Wer zu uns kommt, den müssen wir auch *fördern.*

Integration fordern *und* Integration fördern – das ist Leitlinie eines neuen Konservatismus. Deshalb unterstützen wir Neuankömmlinge, so gut es geht, beim Erwerb von Sprache und Bildung, bei der Suche nach Arbeit und Wohnung, bei der Integration in unsere politische Kultur und unser Rechtssystem. Im Gegenzug fordern wir aber auch Anstrengung und Integrationswillen. Klar ist: Grundlage des Zusammenlebens ist das Grundgesetz, unsere Verfassungsordnung. Es gilt für alle. Hier gibt es keine Rabatte – weder für Neuankömmlinge noch für Alteingesessene. Aber wer all dies tut, den muss die Mehrheitsgesellschaft dann auch als vollwertigen Bürger respektieren.

Keine Toleranz den Feinden der Toleranz

Der große Vordenker der Sicherheit ist der englische Philosoph Thomas Hobbes. In seinem Hauptwerk »Leviathan« beschreibt er den Naturzustand als »Krieg aller gegen alle«[3]. Deshalb plädiert er für einen absolutistischen Staat, der den Menschen vor seinen Mitmenschen schützt und durch sein Gewaltmonopol für Sicherheit sorgt. Und noch heute gilt die Sicherheit seiner Bürger zu gewährleisten als erste Pflicht des Staates. Konservativen ist Sicherheit ja gemeinhin ein besonderes Anliegen – was Unionspolitiker gerne auch mal durch markige Sprüche unterstreichen. Doch Sicherheit in Zeiten des internationalen Terrorismus ist längst eine Frage, der sich verantwortliche Politik jeglicher Couleur stellen muss. Denn ohne Sicherheit ist gesellschaftlicher Zusammenhalt genauso wenig möglich wie Freiheit. Nur wo Menschen sich sicher fühlen, fühlen sie sich auch beheimatet. Dazu kommt: Die Sicherheit im öffentlichen Raum ist grundlegend für unsere Demokratie, sie zu gewährleisten ist deshalb eine fundamentale Aufgabe.

Der neue Konservatismus steht für eine Sicherheitspolitik, die Besonnenheit und Entschlossenheit verbindet. Die den Menschen Sicherheit vermittelt anstatt Ängste zu schüren und die Gefahren zugleich mit großer Klarheit anpackt. Und Besonnenheit und Entschlossenheit – die braucht es gerade in der Auseinandersetzung mit dem islamistischen Terrorismus, der in den letzten Jahren mehr und mehr an uns herangerückt ist. Die Terroristen zielen auf unsere demokratischen Grundwerte, auf unsere freie Lebensweise und auf unsere offene Gesellschaft. Sie wollen uns spalten und einen Keil zwischen die Mehrheit der Bevölkerung und die bei uns lebenden Muslime treiben. Auch das dürfen wir nicht zulassen.

Hier muss der Grundsatz sein: Keine Freiheit den Feinden der Freiheit, keine Toleranz den Feinden der Toleranz! Karl Popper hat diese Haltung als das »Paradox der Toleranz« beschrieben: »Uneingeschränkte Toleranz führt mit Notwendigkeit zum Verschwinden der Toleranz. Denn wenn wir die unbeschränkte Toleranz sogar auf die Intoleranten ausdehnen, wenn wir nicht bereit sind, eine tolerante Gesellschaftsordnung gegen die Angriffe der Intoleranz zu verteidigen, dann werden die Toleranten vernichtet werden und die Toleranz mit ihnen.«[4]

Übersetzt in die politische Praxis heißt das: Wir setzen auf die Stärke und Härte des Rechtsstaats, wo dies nötig ist. In Baden-Württemberg bringen wir mehr Polizisten auf die Straße und haben dafür die größte Einstellungsoffensive in der Geschichte des Landes gestartet. Zudem haben wir die Überwachungsmöglichkeiten unserer Sicherheitsbehörden ausgeweitet, um besser gegen terroristische Gefährder vorgehen zu können. Wir machen das gezielt und anlassbezogen, anstatt alle Bürger ins Visier zu nehmen. Wir achten darauf, dass die Balance von Sicherheit und Freiheit gewahrt bleibt, denn auch hier braucht es ein gutes »Und«.

Kritiker einer besonnenen und entschlossenen Sicherheitspolitik müssen sich bewusst machen: Der Rahmen, in dem dies geschieht, ist längst nicht mehr der absolutistische Leviathan, sondern der demokratische, durch Menschen- und Freiheitsrechte gebundene Rechtsstaat. Und ja, Angst darf nicht zum

Grundmotiv politischen Handelns werden. Sonst verlieren wir das, was wir schützen wollen: unsere Freiheit, unsere Demokratie, unseren Rechtsstaat. Genauso wahr ist aber: Wir müssen vorhandene Ängste ernst nehmen und entschlossen für Sicherheit sorgen, sonst verlieren wir diese Errungenschaften genauso.

Für eine aktive Religionsfreiheit

Glaube und Konservatismus wurden traditionell als zwei Seiten derselben Medaille betrachtet. So sah Edmund Burke, der Stammvater eines liberalen Konservatismus, Religion als Grundlage des Gemeinwesens.[5] Und auch heute noch betonen Politiker, die ihr konservatives Profil schärfen wollen, gerne die christliche Prägung unseres Landes und bedienen sich dabei mit Vorliebe plakativer Symbolik. So etwa mein bayerischer Amtskollege, der in den Amtsstuben seines Landes Kruzifixe aufhängen ließ. Sein Credo: Das Kreuz gehöre zu den »Grundfesten des Staates«.

Natürlich ist es Sache der bayerischen Staatsregierung, wie sie unsere verfassungsmäßige Trennung von Staat und Religion interpretiert und ausgestaltet. Gleichwohl halte ich das Signal, das sie damit aussendet, für höchst problematisch. Denn wir haben nun mal keine Staatskirche. So steht es in der Verfassung. Der Staat ermöglicht seinen Bürgerinnen und Bürgern religiöse Äußerungen und Betätigungen, darf sich aber selbst nicht religiös äußern.

Entweder soll also das Kreuz in bayerischen Amtsräumen abstrakt auf den christlichen Wertehorizont oder allgemein auf eine kulturgeschichtliche Tradition hinweisen, ohne den Menschen einen bestimmten Glauben aufzwingen zu wollen. Dann entwertet eine solche Aktion jedoch das Kreuz – es wird zu einem bloßen kulturellen Symbol, zum Brauchtum. Das wird aber keineswegs der Kraft und auch der Sperrigkeit der christlichen Botschaft gerecht. Deshalb kann ich sehr gut verstehen, dass sich die Kirchen dagegen verwehrt haben.

Oder das Kreuz wird als christliches Glaubenszeichen ernst genommen. Dann muss der Kruzifix-Erlass aber als Abwehr anderer Religionen und Weltanschauungen in unserem Land verstanden werden. Und das widerspricht massiv der weltanschaulichen und religiösen Neutralität und Offenheit unseres Staates.

Das heißt natürlich nicht, dass das Kreuz nicht im öffentlichen Raum sichtbar sein darf. Gerade in Bayern haben wir auf fast jedem Berggipfel ein Kreuz stehen und bei uns in Oberschwaben an fast jeder Weggabelung einen Bildstock. Diese religiösen Äußerungen kamen und kommen aber aus der Mitte der Bevölkerung und sind nicht staatlich verordnet. Sie sind – im Gegensatz zu einem staatlichen Kreuz-Erlass – wirklich Ausdruck einer christlichen Kultur.

Mit einem zeitgemäßen Konservatismus hat die Kruzifix-Pflicht in Amtsstuben also wenig zu tun. Und sie passt auch nicht gut zur weltanschaulichen Neutralität unseres freiheitlichen säkularen Staats. Unsere Verfassungsordnung garantiert die Glaubensfreiheit und die ungestörte Religionsausübung. Jede und jeder soll – auf dem Boden der Verfassung und im Rahmen der Gesetze – nach seiner Fasson selig werden können. Deshalb wird die Religion nicht aus dem öffentlichen Raum verbannt. Der Gottesbezug in der Präambel unseres Grundgesetzes erinnert uns sogar daran, dass der Staat – so das berühmte Diktum des Verfassungsrichters Ernst-Wolfgang Böckenförde – »von Voraussetzungen [lebt], die er selbst nicht garantieren kann«.[6] Der freiheitliche Staat benötigt also Wertfundamente, auf deren Grundlage er überhaupt erst existieren kann.

Jürgen Habermas, der sich selbst als »religiös unmusikalisch« bezeichnet, hat nachdrücklich darauf hingewiesen, dass sich auch die säkulare Gesellschaft »einen Sinn für die Artikulationskraft religiöser Sprachen« bewahren sollte. Denn ansonsten bestünde die Gefahr, dass sie sich »von wichtigen Ressourcen der Sinnstiftung« abschneide.[7] Es ist also durchaus im Sinne des Staats, die Religionsgemeinschaften zu fördern, damit sie in unserer Gesellschaft den – wie es Jeanne Hersch formuliert hat – »Sinn für den Sinn« wachhalten.[8] Denn da der demokratische Staat selber keinen Sinn stiften kann und darf, braucht er sinnstiftende Gemeinschaften. Die Kirchen und die

Religionsgemeinschaften tragen für mich in besonderer Weise zur Sinnstiftung bei. Sie sprengen die Fixierung auf das Hier und Jetzt, indem sie die Rede von Gott in der Gesellschaft präsent halten. Und sie stellen bequeme individuelle und gesellschaftliche Plausibilitäten in Frage und schaffen besondere Verbindlichkeit im Miteinander.

Aus diesem Grund setze ich mich für eine im doppelten Sinne »aktive« Religionsfreiheit ein: eine Religionsfreiheit, die vom Staat aktiv gefördert wird und die von den Gläubigen in den Religionsgemeinschaften zum Wohle der Gesellschaft aktiv mit Leben gefüllt wird. Diese besondere staatliche Haltung gegenüber dem Religiösen bezeichne ich als »kooperative« oder als »ausbalancierte Trennung« von Staat und Religion. Eine solche ausbalancierte Trennung ist meines Erachtens eine große Chance für den Staat und ein Gewinn für die Gesellschaft. Sie befreit die Politik von falschem Erwartungsdruck und schützt den Staat vor Allmachtsphantasien, weil er die Freiheit seiner Bürgerinnen und Bürger nur gewährleisten und nicht schon ausfüllen soll.

Die Gesellschaft insgesamt profitiert davon, wenn auch das Religiöse einen Platz in der Öffentlichkeit findet und nicht nur im Privaten. Ich, der ich im ganzen Reichtum des katholischen Kirchenjahres aufgewachsen bin, nehme aber wahr, wie dieser Gemeinschaft stiftende und Rhythmus gebende Sinnhorizont gesellschaftlich mehr und mehr verblasst. Dabei sind die Sonn- und die Feiertage eben nicht nur Zeiten der Gottesverehrung für aktive Gemeindemitglieder, sondern strukturierende Tage der Ruhe und des Innehaltens für die ganze Gesellschaft. Der Sonntag ist mehr und anderes als einfach ein freier Tag, den sich jeder individuell nehmen und gestalten kann. Er ist in gewisser Weise ein Geschenk der Gläubigen an alle Menschen.

Je mehr aber der Sonntag etwa durch die Öffnung der Geschäfte seinen Sonderstatus verliert, desto mehr verlieren wir als Gesellschaft auch einen gemeinsamen Tag des Atemholens oder, wie es das Grundgesetz formuliert, einen »Tag der seelischen Erhebung«. Desto mehr wird der Sonntag zum Alltag – so wie es auch vor einigen Jahren ein kirchliches Motto gut zum Ausdruck brachte: »Ohne Sonntag gibt es nur noch Werktage.« Die überindividuelle gesellschaftliche Dimension wird dann ausgehöhlt.

Unsere Gesellschaft als Ganze muss deshalb ein großes Interesse daran haben, dass die Sonntage als geschützte Zeiten erhalten bleiben. Sie helfen der Gesellschaft gemeinsam innezuhalten, besser zueinander zu finden, menschliche Beziehungen zu pflegen und auf den »Sinn des Ganzen« zu achten.

Die Pflege des Religiösen ist also nicht nur etwas für das private Kämmerlein oder den Hinterhof. Deshalb halte ich es auch für wichtig, dass wir islamischen Religionsunterricht an unseren Regelschulen ermöglichen, der von Lehrerinnen und Lehrern erteilt wird, die an unseren Universitäten ausgebildet wurden. So können Kinder und Jugendliche in ihre

Glaubenstradition hineinwachsen und ihre Religion authentisch und profund kennenlernen.

Vor diesem Hintergrund ist die in regelmäßigen Abständen aufgewärmte Debatte um die Frage, ob der Islam zu Deutschland gehört, im Kern reichlich absurd. Tatsache ist doch: Millionen Muslime leben bei uns in Deutschland. Ihr Glauben gehört zu ihnen. Und folglich gehört auch ihr Glaube – der Islam – zu Deutschland. Alles andere wäre ein unauflösbarer Widerspruch zur Glaubens- und Bekenntnisfreiheit. Jeder darf seinen Glauben leben und zeigen – allerdings in den Schranken unserer Gesetze. Es gibt Religionsfreiheit nur unter, nicht über dem Gesetz. Das unterscheidet den Islam vom Islamismus. Deshalb gehört der Islam zu Deutschland, der Islamismus nicht.

Natürlich hat das Christentum unsere Kultur in den letzten 2000 Jahren stark geprägt, während das beim Islam naturgemäß so nicht der Fall war und sein konnte. Ob auch der Islam mit seiner reichen Tradition und Kultur in Zukunft unser Gemeinwesen aktiv mitprägen, ob er als Islam in Europa eine eigenständige Gestalt annehmen wird – das wird vor allem von ihm selbst abhängen. Eine wichtige Rolle spielt, wie willens und fähig er ist, sich – um einen Begriff aus dem christlichen Kontext zu bemühen – zu »inkulturieren«, sich also für die europäische Kultur und Lebensweise zu öffnen und auf die westlichen Denkweisen, Wertetraditionen und Lebensformen einzulassen.

5.

Nation, Europa und das Regionale

Manche Slogans bleiben hängen – Jahre und Jahrzehnte. Mir geht es mit einem Plakatslogan der CSU so. Der stach mir ins Auge, als ich vor vielen Jahren in Bayern Wahlkampf für die Grünen gemacht habe. Und er hat sich bis heute festgesetzt. Auf dem Plakat stand: »Bayern unsere Heimat. Deutschland unser Vaterland. Europa unsere Zukunft.« Und auch wenn ich persönlich den Vaterlands-Begriff eher selten verwende, bringt es dieser Spruch, der übrigens auf Franz Josef Strauß zurückgeht, doch auf den Punkt. Denn zwischen Region, Nation und Europa gehört eben gerade kein »Oder«, sondern ein »Und«. Wir brauchen alles drei: das Regionale, wo wir zu Hause sind und Halt finden. Die Nation, die der Demokratie eine Heimstätte bietet und Identität vermittelt. Und Europa, den Garanten von Frieden und Freiheit, ohne den wir die großen grenzüberschreitenden Herausforderungen der Zeit nicht meistern können.

Es ist nicht einfach mit dem Nationalen. Während die einen die Renaissance des Nationalstaats ausrufen, betrachten ihn die anderen längst als Auslaufmodell. Und auch das Verhältnis des Konservativen zum Nationalen ist historisch betrachtet keineswegs so eindeutig, wie mancher zunächst glauben mag.

Der Nationalstaat, der uns heute als so selbstverständlich erscheint, ist ein recht junges Phänomen. Er entstand in Europa gerade mal vor gut 200 Jahren. In Deutschland, der »verspäteten Nation«, sind es nicht einmal 150 Jahre. Und während es anfangs die liberalen Kräfte waren, die den Nationalstaat auf ihre Fahnen schrieben, standen die Konservativen der Nation lange ablehnend gegenüber. Sie waren auf Seiten von Reaktion und Restauration, im Einklang mit den Reichsfürsten, die die überkommene feudale Zersplitterung erhalten wollten. Das Konservative war nicht national, sondern preußisch, württembergisch oder schaumburg-lippisch.

Erst viel später, mit der Bismarck'schen Reichsgründung, kamen das Konservative und das Nationale zusammen. Das Deutsche Reich von 1871 war gerade nicht das Ergebnis einer nationalen und demokratischen Massenbewegung, sondern ein obrigkeitsstaatlicher Zusammenschluss der Fürsten. Der konservative Nationalgedanke verlor danach vollends seinen freiheitlichen Impuls und mündete unter Kaiser Wilhelm II. in einen aggressiven, militaristischen und imperialistischen Nationalismus. Es war dieser brennende Nationalismus – den Deutschland mit den anderen europäischen Großmächten teilte –, der den Ersten Weltkrieg geistig und politisch vorbereitete. Die Staaten taumelten gleichsam als nationalistische »Schlafwandler«[1] in die Urkatastrophe des 20. Jahrhunderts.

Auch nach dem verlorenen Ersten Weltkrieg, dem Abdanken von Kaiser und Fürsten und dem Ausrufen der Republik kam es zu keiner Aussöhnung von Demokratie, nationaler und konservativer Idee. Im Gegenteil: Die Konservativen träumten von einer nationalen Wiedergeburt und blieben einem reaktionären Nationalismus verhaftet. Mit dem Versailler Vertrag als Stachel im nationalen Empfinden steigerten sie sich in eine Revanchestimmung hinein, die sie letztlich zu politischen Steigbügelhaltern Adolf Hitlers machte.

Erst nach dem Zivilisationsbruch des Nationalsozialismus bildete sich in der Bundesrepublik ein liberales und demokratisches Verständnis der Nation heraus, an dem ein zeitgemäßer Konservatismus ansetzen kann. Deutschland ließ seinen langen Sonderweg hinter sich und kam in der westlichen Zivilisation an. Gleichzeitig blieb das Verhältnis der Deutschen zur Nation zunächst ein gebrochenes. Denn die Idee des Nationalen war durch Holocaust und Vernichtungskrieg nachhaltig vergiftet. Hinzu kam die deutsche Teilung, die mit dem Eisernen Vorhang zwischen den Blöcken zusammenfiel.

Nach der Wiedervereinigung kam eine neue Dynamik in den deutschen Nationaldiskurs. Einerseits zeigte sich in den fremdenfeindlichen Gewalttaten von Rostock, Mölln und anderswo wieder der alte hässliche Nationalismus. Andererseits verbreitete sich mehr und mehr ein aufgeklärtes und einschließendes, aber auch ein unverkrampfteres Verständnis der Nation. So etwa bei der Reform des Staatsbürgerschaftsrechts: Um die Jahrtausendwende verlor das Ius sanguinis – also das Blutsrecht als exklusives Abstammungsrecht – endlich seine Monopolstellung und wurde durch das Geburtsortprinzip des Ius soli ergänzt. Deutscher war fortan nicht mehr nur derjenige, der von deutschen Eltern abstammte. Sondern Deutscher konnte man unter bestimmten Umständen nun auch durch Geburt werden, selbst wenn die Eltern Ausländer sind.

Das war ein wichtiger Schritt zu einer inklusiven Idee des Nationalen, die Zusammenhalt und Vielfalt im Sinne eines neuen Konservatismus verbindet. Genauso wie das Sommermärchen während der Fußballweltmeisterschaft 2006 im eigenen Land. Plötzlich erlebten die Welt und wir selbst ein anderes Deutschland: schwarz-rot-goldene Fahnenmeere auf den Fanmeilen. Scharen von Menschen, die ihr Gesicht in Nationalfarben schminkten und ausgelassen die Erfolge der Nationalmannschaft feierten. Ein heiter vorgetragenes Nationalgefühl mit Witz und Leidenschaft. Mit den nationalen Symbolen wurde nun spielerisch und nicht martialisch umgegangen. Das war neu – und so ganz anders als das gängige Deutschlandbild: An die Stelle des alten Blut-und-Boden-Nationalismus war ein neues, weltoffenes und tolerantes Nationalgefühl getreten. Das Gemeinschaftsgefühl, das dabei zum Ausdruck kommt, zeigt, dass die identitätsstiftende und kulturell verbindende Kraft des Nationalstaats auch ohne Ressentiments und Ausgrenzung wirksam werden kann.

Zur deutschen Identität gehört unsere Erinnerungskultur. Die Auseinandersetzung mit unserer Geschichte, mit dem Nationalsozialismus und dem Holocaust ist ein Teil von uns. Sie verbindet Vergangenheit, Gegenwart und Zukunft. Und die Würde eines aufgeklärten deutschen Nationalbewusstseins besteht gerade auch darin, dass wir uns dieser Erinnerung stellen und immer wieder aus der Geschichte lernen.

Umso erschreckender ist es, wenn die Populisten nach einer »erinnerungspolitischen Wende um 180 Grad« rufen. Wenn sie den Nationalsozialismus relativieren und als »Vogelschiss in über 1000 Jahren erfolgreicher deutscher Geschichte« abtun. Oder wenn sie das Holocaust-Mahnmal als »Denkmal der Schande« diffamieren.

Denn wer unsere Erinnerungskultur bekämpft, der hat Deutschland nicht begriffen. Und der hat nicht verstanden, zwischen Schuld und Verantwortung zu unterscheiden. Niemand gibt heutigen Generationen die Schuld an den Verbrechen der Nazis. Aber wir alle tragen eine Verantwortung für unsere Geschichte und dafür, dass sich so etwas niemals wiederholt. Erst wenn wir das vergessen, dann laden auch wir Schuld auf uns – Schuld gegenüber den Opfern, ihren Familien und Nachkommen. Deutschland lebt vor, dass ein positives Nationalbewusstsein aus der Auseinandersetzung mit den hellen und den dunklen Kapiteln der eigenen Geschichte erwächst. Genau damit ist es Vorbild für viele Menschen in der Welt.

Der Nationalstaat ist aus Sicht eines neuen Konservatismus auch künftig eine entscheidende Größe als gesellschaftlicher und politischer Bezugsraum. Zum einen ist der Nationalstaat – wie Ralf Dahrendorf einmal gesagt hat – das »einzige Domizil der repräsentativen Demokratie, das bisher funktioniert hat«[2]. Ja, es war der moderne Nationalstaat, der als Erstes die Bürger- und Freiheitsrechte und die liberale Demokratie beheimatet und auf Dauer ermöglicht hat.

Zum anderen stiftet der Nationalstaat auch heute noch Identität und Zugehörigkeit. Auch wenn wir so mobil sind wie nie zuvor und über das Internet weltweit kommunizieren, entfaltet der Nationalstaat noch immer seine große Bindewirkung. Und auch wenn die Identität eines jeden von uns noch weitere Facetten hat, sehen wir uns mehrheitlich doch als Deutsche und betrachten die Welt stärker durch die nationale Brille, als es uns eigentlich bewusst ist und manchem auch lieb sein mag. Wir sind eben geprägt durch die Gesellschaft, in der wir groß geworden sind, durch ihre Werte und Normen. Und auch durch unsere Sprache, Kultur und Geschichte. Diese identitätsstiftende Kraft des Nationalen ist nicht antiquiert und überflüssig. Sie wird uns auch heute und morgen dabei helfen, Zusammenhalt in Vielfalt zu ermöglichen. Deshalb setzt der neue Konservatismus auf einen aufgeklärten und einschließenden Patriotismus, für den auch der frühere Bundespräsident Joachim Gauck plädierte: »Wir müssen Nation neu definieren: als eine Gemeinschaft der Verschiedenen, die allerdings eine gemeinsame Wertebasis zu akzeptieren hat.«[3]

Starker Föderalismus und gelebte Gemeindefreiheit

Aber auch wenn wir in Zukunft den Nationalstaat weiter brauchen, dürfen wir hier nicht Nationalstaat und Zentralstaat durcheinanderwerfen. Denn ich bin alles andere als ein Anhänger eines starken Zentralstaats. Im Gegenteil. Ich bin ein in der Wolle gefärbter Regionalist und Föderalist. Ich kämpfe für starke Länder und Kommunen. Und ich befinde mich damit ganz in Einklang mit der Grundidee unserer Verfassung. Dort heißt es in Artikel 70: »Die Länder haben das Recht der Gesetzgebung, soweit dieses Grundgesetz nicht dem Bunde Gesetzgebungsbefugnisse verleiht.« Mir ist wichtig, dass wir das nicht vergessen. Umso mehr als es die Länder länger gibt als den Bund. Sie waren es, die die Bundesrepublik Deutschland gegründet haben. Deshalb sehe ich es mit großer Sorge, dass der Bund immer mehr Zuständigkeiten an sich zieht, und die Länderkompetenzen mehr und mehr ausgehöhlt werden. Diesen schleichenden Prozess müssen wir stoppen.

Denn es würde doch nichts besser, wenn wir alle politischen Probleme von Flensburg bis Garmisch-Partenkirchen und von Aachen bis Görlitz einheitlich aus Berlin regeln würden. Es gibt eben regionale Unterschiede – und auf die kann ein Zentralstaat gar nicht angemessen eingehen. Man denke nur mal an die Schulpolitik. Es ist manchmal schon eine echte Herausforderung, aus Stuttgart eine Schulpolitik für Baden-Württemberg zu machen, die allen im Land gerecht wird. Aber aus Berlin für die ganze Republik? Für 33 000 allgemeinbildende Schulen? Für die kleine beschauliche Grundschule in Oberschwaben genauso wie für die Brennpunktschule in Neukölln oder das Gymnasium in Bad Godesberg? Für mich undenkbar. Gleichmacherei hilft hier nicht, sondern schadet nur. Deshalb ist es gut und richtig, dass die Bildung Sache der Länder ist und bleibt.

Die Stärke unseres Bundesstaats liegt gerade darin, dass wir in bestimmten Bereichen die Probleme vor Ort in den Ländern lösen – da sind wir viel näher dran an der konkreten Herausforderung und an der Alltagswirklichkeit der Menschen. Da können wir passgenauer vorgehen, und die Bürger können sich leichter einbringen. Das gehört für mich zu einer guten politischen Ordnung. Und ein bisschen Wettbewerb der Länder um die beste Lösung nützt am Ende allen.

Mir ist wohl bewusst, dass unsere föderale Ordnung bei vielen Menschen nicht sonderlich beliebt ist – im Übrigen ganz anders als in den meisten anderen föderalen Staaten. Manche sprechen ja sogar von einem Föderalismus ohne Föderalisten. Für mich ist das ein Ansporn, weiter mit aller Leidenschaft für starke Länder und starke Kommunen zu streiten. Denn demokratische Politik sollte – wo immer möglich – nah an den Bürgern und nah an den Problemen gemacht werden. Ich bin überzeugt: Wenn es den Föderalismus nicht schon gäbe, dann müsste man ihn erfinden – gerade heute, angesichts der Globalisierung und all der Verunsicherung und Überforderung, die wir erleben. Das gilt gerade auch für die dritte Ebene im föderalen Gefüge: die Kommunen. Die Städte und Gemeinden sind die Keimzelle unseres Staatswesens. Die kommunale Selbstverwaltung ist eine großartige Erfindung der Demokratie. Ich möchte sogar weitergehen: Gemeindefreiheit und kommunale Selbstverwaltung sind ein entscheidender Beitrag aus dem deutschen Sprachraum zur europäischen Demokratie- und Freiheitsgeschichte.

»Taking back control«

Die Idee von der Nation als Heimstatt der Demokratie und als Gemeinschaft der Verschiedenen ist heute keineswegs mehr selbstverständlich. Sie ist bedroht: Die Rechtspopulisten erstarken und mit ihnen ein neuer nationalistischer und autoritärer Geist. Und das Gespenst des Populismus geht nicht nur bei uns um, sondern überall in Europa – und bringt damit auch die europäische Einigung in Gefahr. Wir müssen uns nur einmal in der Europäischen Union umschauen. Die Fliehkräfte nehmen zu. Viele Menschen zweifeln an Europa und streben zurück ins nationale Schneckenhaus. Die Brexit-Befürworter haben das auf eine einfache Formel gebracht: »Taking back control« – Kontrolle zurückgewinnen!

In einer Welt im Umbruch kann ich die Sehnsucht nach Kontrolle, Halt und Sicherheit gut verstehen. Die haben wir alle. Aber die Konsequenz »raus aus Europa« und »zurück in die nationale Wagenburg« ist ein fataler Fehlschluss. Denn der Nationalismus bringt eben keine neue Souveränität. Nein, er ist eine Anleitung zum Kontrollverlust. Wenn alle »Wir zuerst« brüllen, dann lösen wir keines der großen Probleme unserer Zeit: nicht den Klimawandel, nicht die Migration, nicht die Globalisierung, nicht die Digitalisierung, nicht den Terrorismus.

Machen wir uns nichts vor. Selbst die großen EU-Mitgliedsstaaten sind auf den Rang von regionalen Mächten geschrumpft. Der Anteil der einzelnen EU-Länder an der Weltbevölkerung wird bald nur noch in Promille zu messen sein, nicht mehr in Prozent. Wir können deshalb in der komplexen und globalisierten Welt von heute nur noch auf einem Weg weiterkommen. Und dieser Weg heißt: Europa. »Taking back control« – das geht eben nur europäisch.

Das gilt für den Kampf gegen die Klimakrise, für die Steuerung der Migration und die Bekämpfung der Fluchtursachen genauso wie für die Gestaltung der Digitalisierung. Und natürlich gilt es ganz besonders für die Außen- und Sicherheitspolitik. Hier brauchen wir endlich ein wirklich gemeinsames europäisches Handeln. Denn in einer Welt, in der aggressive Großmachtpolitik zurückkehrt und die alte Rivalität zwischen Liberalismus und Autokratie neu entflammt, ist die Alternative einfach: entweder europäisch zusammenstehen und die neue Weltordnung mitprägen – oder als einzelner Nationalstaat am geopolitischen Katzentisch Platz nehmen.

Europa als Sehnsuchtsort

Der Sinn der europäischen Einigung geht aber noch tiefer. Das war für mich wieder ganz unmittelbar greifbar, als ich im Frühjahr 2018 Serbien, Kroatien und Bosnien-Herzegowina besucht habe. Es hat mich bewegt, welch große Hoffnungen die Menschen dort mit Europa verbinden. Ob ich nun mit den Staatschefs oder Leuten auf der Straße sprach: Die Europäische Union ist für sie alle ein Sehnsuchtsort. Auf dem Balkan kann man spüren, welche Kraft der europäische Gedanke hat und welch ein Geschenk Frieden, Kooperation und offene Grenzen sind – gerade dort, wo noch in den 1990er Jahren schreckliche Kriege tobten und ethnische Säuberungen die Beziehungen der Völker vergifteten. Das wirkt nach. Und deshalb ist für die Menschen dort die europäische Perspektive so wichtig.

Damit sind sie auch ganz nahe am Gründungsimpuls, der dem vereinten Europa zugrunde lag. Denn Krieg und Blutvergießen waren in Europa über viele Jahrhunderte an der Tagesordnung. Der österreichische Schriftsteller Robert Menasse hat das einmal sinngemäß wie folgt beschrieben: Wenn man auf einer Europakarte für jeden Krieg, der je stattgefunden hat, mit einem roten Stift eine Linie zwischen den kriegführenden Parteien zieht, dann entsteht eine blutrote Fläche, unter der Staaten, Länder und Städte gänzlich verschwinden.[4] Europa – eine blutrote Fläche vor lauter Tod und Elend, bis hin zu den beiden Weltkriegen und dem Menschheitsverbrechen des Holocaust.

Nie wieder Krieg – dieser Ruf trieb die Mütter und Väter der europäischen Einigung an. Unter ihnen waren auch viele konservative Politiker. Winston Churchill etwa, der bereits 1946 in einer großen Rede Studierenden der Universität Zürich zurief: »Let Europe arise!« – »Lassen Sie Europa erstehen!« und sich für »eine Art Vereinigter Staaten von Europa« aussprach. Was für eine Botschaft! Und das gerade einmal ein Jahr nach Ende des Zweiten Weltkriegs, der Europa in Schutt und Asche gelegt hatte. Oder der damalige französische Außenminister Robert Schuman, der gemeinsam mit Jean Monnet Architekt der Europäischen Gemeinschaft für Kohle und

Stahl war, aus der sich Schritt für Schritt die heutige Europäische Union entwickelte. Oder Alcide de Gasperi, der als italienischer Ministerpräsident und Außenminister immer wieder Initiativen für die europäische Einigung anstieß. Und natürlich Charles de Gaulle und Konrad Adenauer, denen es gelang, die Erbfeindschaft ihrer Nationen hinter sich zu lassen und sie in eine dauerhafte Freundschaft zu verwandeln. Damit legten die beiden das Fundament des vereinten Europas, dem wir 70 Jahre Frieden, Freiheit, Demokratie und Wohlstand verdanken. Eine ungeheure zivilisatorische Leistung. Das vereinte Europa ist ein ungeheures Glück, einzigartig in der Geschichte der Menschheit.

Dieses Vermächtnis dürfen wir nicht verspielen. Deshalb dürfen wir den geschichtsvergessenen, rechtsnationalen und rückwärtsgewandten Kräften das Feld nicht überlassen, sondern müssen ihnen eine neue, eine ernsthafte Leidenschaft für den europäischen Zusammenhalt entgegenstellen. Denn die Europäische Union hat nur dann eine gute Zukunft, wenn sie auch in den Herzen der Menschen verankert ist. So wie bei der Bewegung »Pulse of Europe«, wo sich Bürgerinnen und Bürger zusammentun, um den Pulsschlag Europas spürbar zu machen. Das zeigt: Es gibt sie noch, die europäische Begeisterung, gerade in der jungen Generation.

Die neue Idee des Konservativen ist also aus tiefster Überzeugung eine europäische Idee. Ich sage deshalb klar: Wir brauchen mehr Europa, um die großen Aufgaben erfolgreich anzupacken. Ich sage aber auch: Europa muss mehr Subsidiarität leben. Wir brauchen ein Europa, das die Dinge von unten her denkt. Ein Europa der Regionen, das den Menschen Heimat gibt. Der Subsidiaritätsgedanke ist zutiefst konservativ. Er reicht bis zu Aristoteles zurück und wurde später vor allem durch die katholische Soziallehre geprägt. Im Kern besagt das Subsidiaritätsprinzip: Die größere gesellschaftliche oder staatliche Einheit soll nur dann zur Lösung eines Problems aktiv werden, wenn die kleinere Einheit dazu nicht in der Lage ist.

Mit Blick auf Europa heißt das zum Beispiel: Über die Gestaltung der Wasserversorgung vor Ort können die Kommunen selbst viel besser entscheiden als Brüssel. Und die Kreissparkassen oder die örtlichen Volksbanken brauchen nicht die gleiche europaweite Risikovorsorge wie die Großbanken. Wir dürfen also nicht alles harmonisieren, sondern brauchen Platz für Verschiedenheit. Platz für Heimat. Denn Europa – das sind nicht nur Brüssel und die nationalen Hauptstädte. Es sind auch die vielen europäischen Regionen, mit eigenen Traditionen, eigenem Dialekt und eigener Küche. Zugleich ist auch Europa als Ganzes unsere Heimat.

6.

Soziale Marktwirtschaft – ökologisch und digital

Als meine Eltern nach dem Zweiten Weltkrieg aus Ostpreußen ins Schwäbische flohen, war es nicht einfach, hier Fuß zu fassen. Aber uns ist damals der soziale Aufstieg gelungen. Wie viele andere haben wir vom Wirtschaftswunder der fünfziger und sechziger Jahre profitiert. Auch für meine Familie wurde der Leitspruch der sozialen Marktwirtschaft Wirklichkeit: Wohlstand für alle!

Aufstiegsversprechen neu beleben

Die soziale Marktwirtschaft ist ohne Frage eine der größten Errungenschaften der Bundesrepublik. Sie verbindet die Freiheit des Marktes mit sozialem Ausgleich – und folgt damit auch der Logik der »Politik des Und«. Soziale Marktwirtschaft meint eben gerade kein anarchisches Spiel der Kräfte, sondern eine Marktwirtschaft in geordneten Bahnen und mit menschlichem Antlitz. Sie wurde zum Garanten für wirtschaftlichen Erfolg und soziale Stabilität in der Bundesrepublik.

Dabei hat das Modell der sozialen Marktwirtschaft durchaus seine konservativen Wurzeln. Und das nicht nur, weil CDU-Kanzler Adenauer und sein Wirtschaftsminister Erhard die politischen Väter des »Rheinischen Kapitalismus« waren. Vielmehr ist es geprägt von zentralen Prinzipien der christlichen Soziallehre: die unantastbare Würde des Individuums, die Solidarität als Verantwortung für die Gemeinschaft, das Subsidiaritätsprinzip und die Sozialbindung des Eigentums. Denn der Markt ist zunächst einmal alles andere als konservativ. Das ist schon bei Karl Marx nachzulesen. Und er wird es auch nicht, wenn die Neokonservativen in den USA auf Marktradikalismus setzen.

Das Erfolgsmodell der sozialen Marktwirtschaft ist heute mehr und mehr herausgefordert. Globalisierung und Digitalisierung pflügen das Wirtschaftsleben um: neue monopolistische Wirtschaftsstrukturen entstehen, neue Formen prekärer Selbständigkeit breiten sich aus. So gibt es in Deutschland mittlerweile schon mehr als eine Million Clickworker, die über Plattformen im Internet freiberuflich Aufträge von Unternehmen annehmen. Zudem fordert unsere alternde Gesellschaft die sozialen Sicherungssysteme heraus. Und trotz brummender Wirtschaft und niedriger Arbeitslosigkeit nimmt auch in der Bundesrepublik die Ungleichheit zu: Arbeitnehmer mit einfachen Tätigkeiten tun sich heute schwerer, eine Familie zu ernähren, als früher. Und die Perspektive, dass es den eigenen Kindern einmal bessergehen wird, ist unsicherer geworden. Zudem entwickelt sich Wohnen immer mehr zur sozialen Frage unserer Zeit. Gerade in Ballungsräumen haben viele Menschen Schwierigkeiten, eine bezahlbare Wohnung zu finden – das betrifft längst nicht nur Geringverdiener. Hier zeigt sich immer deutlicher ein Marktversagen. Das alles trägt dazu bei, dass das Vertrauen in die soziale Marktwirtschaft abnimmt. Laut einer aktuellen Umfrage haben nur noch 38 Prozent der Deutschen eine gute Meinung von der sozialen Marktwirtschaft.

Damit dürfen wir uns nicht abfinden. Wir müssen das Aufstiegsversprechen der Sozialen Marktwirtschaft wieder mit neuem Leben erfüllen. Denn ohne dieses Versprechen gerät in unserer Gesellschaft etwas ins Rutschen. Deshalb braucht es eine neue innovative und zielgerichtete Sozialpolitik, die den Veränderungen von Globalisierung, Digitalisierung und dem demographischen Wandel Rechnung trägt. Wir müssen das Prinzip der Solidarität für die digitale Welt weiterspinnen – die Wirtschaft 4.0. braucht als Rahmen eine soziale Marktwirtschaft 4.0.

Der wichtigste Schlüssel, um das Aufstiegsversprechen neu zu beleben, ist Bildung. Sie ist entscheidend dafür, dass jedes Kind etwas aus seinem Leben machen kann. Das haben bereits die Mütter und Väter der baden-württembergischen Landesverfassung erkannt: »Jeder junge Mensch hat ohne

Rücksicht auf Herkunft oder wirtschaftliche Lage das Recht auf eine seiner Begabung entsprechende Erziehung und Ausbildung.« Für mich als ehemaligen Lehrer ist das Auftrag und Ansporn zugleich. Das gilt umso mehr, als der Bildungserfolg eines Kindes noch immer stark vom Geldbeutel und der Herkunft seiner Eltern abhängt. Das müssen wir so weit als möglich überwinden und den Bildungserfolg von der sozialen Herkunft entkoppeln. Eine solche Zielsetzung meint aber gerade nicht, die Ansprüche abzusenken. Es geht vielmehr darum, zu ermöglichen, dass jedes Kind seine Fähigkeiten und Talente voll entfalten kann – egal ob es Lisa, Kevin oder Mehmet heißt, egal ob seine Eltern Ärzte oder Krankenpfleger sind. Leistung für alle und Aufstieg durch Bildung ermöglichen, also Chancengerechtigkeit – darum geht es dem neuen Konservatismus.

In diesen Zeiten rasanter Veränderung dürfen wir Bildung aber nicht nur auf Kita, Schule, Hochschule und berufliche Ausbildung beschränken. Innovationszyklen werden immer kürzer, Wissen überholt sich immer schneller. Deshalb lautet das Zauberwort: lebenslanges Lernen. Die Menschen müssen befähigt werden, über ihr gesamtes Berufsleben hinweg immer wieder Neues zu lernen. Darauf müssen wir unsere Gesellschaft, unsere Wirtschaft und unser Bildungssystem vorbereiten.

Dazu kommt eine zweite große Aufgabe: Wir müssen die soziale Marktwirtschaft um die ökologische Dimension erweitern. Das meint: Wohlstand und Erhalt der natürlichen Lebensgrundlagen miteinander verbinden und *Wachstum vom Naturverbrauch entkoppeln*. Denn in einer Welt mit über sieben Milliarden Menschen und einer stetig steigenden Bevölkerungszahl können wir uns das alte, ressourcenfressende Wachstumsmodell nicht länger leisten. Genauso wie der freie Markt in der Nachkriegszeit in Bahnen gelenkt werden musste, die den sozialen Fortschritt ermöglichten, so muss er heute in Bahnen gebracht werden, die den ökologischen Fortschritt sicherstellen. Das verlangt unsere Verantwortung gegenüber unseren Kindern und Enkeln und gegenüber dem Planeten.

Auf die Ökologie als blinden Fleck der sozialen Marktwirtschaft hat Walter Eucken, einer der geistigen Väter der sozialen Marktwirtschaft, schon im Jahr 1949 hingewiesen.[1] Denn wenn das Gemeinschaftsgut Umwelt in Anspruch genommen wird, erscheint das nicht in der Kostenrechnung von Unternehmen. Das bedeutet: Die Prinzipien der marktwirtschaftlichen Selbstorganisation können nicht greifen. Denn was in einer Marktwirtschaft keinen Preis hat, ist eben auch nichts wert. Deshalb müssen wir dem Gemeinschaftsgut Umwelt ein Preisschild umhängen – und so dafür sorgen, dass die Preise für

Waren und Dienstleistungen die ökologische Wahrheit sagen.

Diese Idee liegt auch dem europäischen Emissionshandel zugrunde: Kraftwerke und Fabriken müssen in der EU seit 2003 für jede Tonne CO_2, die sie ausstoßen, ein Zertifikat erwerben. Die Intention: klimafreundliches Verhalten wird belohnt, klimaschädliches Agieren bestraft. So würden die Mechanismen des Marktes dafür genutzt, den CO_2-Ausstoß auf möglichst effiziente Weise zu verringern, also zu einer schrittweisen Dekarbonisierung der Wirtschaft zu kommen. Das könnte viele regulatorische Eingriffe an einzelnen Stellen ersetzen. Das Problem ist aber: Da zu viele Zertifikate ausgegeben werden, ist der Preis der Zertifikate zu niedrig. Dadurch fehlt jeder Anreiz, in effiziente, umweltschonende Kraftwerke zu investieren. Die Folge ist eine monströse Fehllenkung: Klimaschädliche Kohlekraftwerke bleiben weiter am Netz. Wir tappen in die Kohle-Falle. So ist die Braunkohle in Deutschland noch immer für genauso viel CO_2-Ausstoß verantwortlich wie alle Autos zusammen. Das können wir uns nicht länger leisten. Deshalb müssen wir den Emissionshandel endlich scharf stellen und Schritt für Schritt aus der Kohle aussteigen – sonst werden wir unsere Klimaziele nicht erreichen.

Das Konzept der ökologisch-sozialen Marktwirtschaft ist ein bewahrendes und ein innovatives zugleich. Denn es ist eben nicht nur ökologisch geboten, sondern es macht auch ökonomisch Sinn. So sind grüne Produktlinien längst ein riesiger Wachstumsmarkt. Das macht deutlich, was von dem Scheingegensatz zwischen Ökonomie und Ökologie zu halten ist, den der techniknaive Konservatismus allzu lange gebetsmühlenartig vor sich hertrug. Wer nicht blind dem Pfad des Machbaren folgte, wurde nicht nur als Technik-, sondern auch als Wirtschaftsfeind hingestellt.

Die ökonomische Wirklichkeit hat diesen Anwurf längst entkräftet. Heute liegt der Anteil grüner Technologien an der deutschen Wirtschaftsleistung bei 15 Prozent, und er wird bis zum Jahr 2025 auf 19 Prozent ansteigen. Weltweit betrug das Marktvolumen von Umwelttechnologien im Jahr 2016 sogar 3,2 Billionen Euro, Tendenz stark steigend. Mit grünen Ideen werden längst schwarze Zahlen geschrieben. Und das gilt nicht nur für Umwelttechnologien, sondern für grüne Produktlinien allgemein – also auch für umweltschonende Autos, ressourcensparende Maschinen oder stromsparende Geräte – und für eine energie- und ressourceneffiziente Produktion. Denn rund 45 Prozent der Herstellungskosten im produzierenden Gewerbe sind heute Materialkosten. Energie und Material einzusparen wird also mehr und mehr zum Wettbewerbsvorteil.

Und genau hier liegt der ökonomische Dreh- und Angelpunkt der neuen Idee des Konservativen: nämlich in der ökologischen Transformation unserer Wirtschaft. »Conservare« wird zum »transformare« – zum innovativen Projekt des Umbaus der Wirtschaft im Sinne des Erhalts der Schöpfung, im Sinne von Nachhaltigkeit, Klima- und Umweltschutz. Und wenn wir zeigen, dass mit nachhaltigem Wirtschaften auch ein Wohlstandsversprechen verbunden ist, wird das eine globale Wirkung entfalten.

Im Übrigen ist es häufig der alte Konservatismus, der sich mit dem »transformare« schwertut. Das konnte man bei der Energiewende beobachten. Der alte Konservatismus blieb in strukturkonservativer Erstarrung gefangen und unterstützte das Oligopol der vier großen Energiekonzerne. Die wiederum hatten die erneuerbaren Energien ja zunächst belächelt, dann totgeschwiegen, dann bekämpft – und schließlich hofiert. Doch bevor es so weit war, versuchte man mit aller Macht, das alte Modell künstlich am Leben zu erhalten. Wie eine zentrale, monopolistische und gefährliche Energieversorgung mit Zähnen und Klauen gegen eine dezentrale, marktfähige, recycelbare und ungefährliche Energieversorgung verteidigt wurde, das bringt den falschen Konservatismus auf den Punkt. Erst in der Situation der Defensive, erst als Ökostromanbieter und neue Modelle wie Energiegenossenschaften Erfolg hatten und immer mehr Verbraucher sich von den Großversorgern abkoppelten, lenkten diese um. Doch zu spät. Die meisten Energiekonzerne hatten versäumt, sich an die Spitze der Entwicklung hin zu den erneuerbaren Energien zu setzen und laufen ihr nun hinterher. Eine solche strukturkonservative Unfähigkeit, im Moment noch erfolgreiche Geschäftsmodelle vorausschauend weiterzuentwickeln und sie den Bedingungen der Ökologisierung, Digitalisierung und Globalisierung anzupassen, können wir uns in anderen Industriezweigen nicht leisten.

Die ökologische Transformation unserer Wirtschaft ist also nicht bloß der Blütentraum einiger grüner Aktivisten. Nein, sie entwickelt sich zu einer echten Schicksalsfrage für den Industriestandort Deutschland. Besonders deutlich zeigt das die Zeitenwende beim Automobil. Das Auto der Zukunft fährt emissionsfrei und autonom, es wird geteilt und mit Bus, Bahn oder Fahrrad vernetzt.

Wir erleben aber nicht nur einen technologischen Umbruch. Auch der Markt ändert sich rasant, der Konkurrenzdruck nimmt zu. Unsere Automobilbranche wird heute von zwei Seiten in die Zange genommen: Im Westen drängen neue Hersteller wie Tesla und Waymo nach vorn. Und im Osten haben China, Südkorea und Japan die Nase bei der Batterieproduktion vorne – und damit bei der entscheidenden Schlüsseltechnologie für das Elektroauto. Dazu kommen neue Player, Internetriesen wie Google und Tencent oder Mobilitätsdienstleister wie Uber und Didi Chuxing. Das alles fordert unsere Automobilindustrie heraus wie nie zuvor in ihrer Geschichte. Damit steht für Deutschland als führendes Autoland unglaublich viel auf dem Spiel. Das gilt besonders für meine Heimat Baden-Württemberg. Dort steht nicht nur die Wiege des Autos, sondern es hängt auch jeder vierte Industriearbeitsplatz am Automobil.

Unsere Automobilindustrie muss deshalb bei der Neuerfindung des Autos konsequent die Markt- und Technologieführerschaft anstreben. Auch wenn alte Geschäftsmodelle noch profitabel funktionieren, gilt es, bei der E-Mobilität, beim selbstfahrenden Auto oder bei neuen Geschäftsmodellen wie etwa der Sharing-Ökonomie Treiber bei der Innovation zu werden und nicht zum Getriebenen. Wer erst umsteuert, wenn die Märkte schon einbrechen, steht im Moment der Disruption auf der Verliererseite.

In Baden-Württemberg haben wir aus dieser Einsicht Konsequenzen gezogen. Wir wollen, dass die Transformation beim Automobil zu einem doppelten Erfolg wird: ein Erfolg fürs Klima und für saubere Luft in unseren Städten. *Und* ein Erfolg für unsere Unternehmen und Arbeitnehmer. Damit das gelingt, darf die Politik aber den rasanten technologischen und wirtschaftlichen Entwicklungen nicht hilflos hinterherrennen. Und dafür braucht es auch neue politische Formate, die den fundamentalen Herausforderungen mit all ihrer Komplexität und ihrem Tempo gerecht werden und die Probleme langfristig und zielgerichtet angehen. Es ist das Gegenteil von dem, was wir bei den diversen Diesel-Gipfeln der

Bundesregierung erleben. Dort geht es letztlich nur darum, an den Problemen der Vergangenheit herumzudoktern, anstatt die Zukunft anzupacken.

Ich habe deshalb als erster Ministerpräsident einen Strategiedialog zur Transformation gestartet. Hier arbeiten Politik, Automobilwirtschaft, Arbeitnehmer, Wissenschaft und Zivilgesellschaft in einem neuartigen Format eng zusammen, um gemeinsam die Transformation zu gestalten. Dabei eint uns ein gemeinsames Ziel: Das emissionsfreie Auto der Zukunft soll in Untertürkheim und nicht in Fremont oder Wuhan vom Band rollen.

Der ideologisch behauptete Gegensatz von Ökonomie und Ökologie verflüchtigt sich also immer mehr. Auch hier hat eine »Politik des Oder« ausgedient. An ihre Stelle tritt eine »Politik des Und« – ganz im Sinne eines neuen Konservatismus. Und all jene, die sich zu sehr in dieser Ideologie eingerichtet hatten und zu lange am Trugbild der Alternativlosigkeit von Atom, Kohle und Öl festhielten, straft heute die Wirtschaftsgeschichte.

Digitalisierung menschlich gestalten

Noch fundamentaler fordert uns die Digitalisierung heraus. In einem gewaltigen Tempo wälzt sie alles um. Die digitale Revolution ist ein Epochenumbruch, der unsere Welt und unseren Alltag von Grund auf verändert – die Art und Weise, wie wir leben und kommunizieren, wie wir arbeiten, produzieren und konsumieren.

Digitale Technologien bieten unglaubliche Chancen, unser Leben zu verbessern: Automatisierte Prozesse können uns die Arbeit erleichtern. Digital unterstützte Medizin wird helfen, schwere Krankheiten zu heilen. Selbstfahrende Autos können die Zahl der Verkehrstoten verringern. Und intelligente Stromnetze werden unseren Stromverbrauch senken und helfen, das Klima zu schützen.

Ich möchte, dass wir als Gesellschaft diese Chancen ergreifen. Deshalb treiben wir in Baden-Württemberg die Digitalisierung so entschlossen voran wie kaum eine andere Landesregierung. Wir haben als erstes Bundesland eine umfassende Digitalisierungsstrategie auf den Weg gebracht und investieren in den kommenden Jahren eine Milliarde Euro in den digitalen Wandel. So haben wir beispielsweise bei uns mit dem Cyber Valley das führende Forschungszentrum für Künstliche Intelligenz in Europa geschaffen und ein bundesweit einmaliges Testfeld fürs autonome Fahren an den Start gebracht. An unseren Schulen sorgen wir für Informatikunterricht und Medienbildung, und wir unterstützen unseren Mittelstand auf dem Weg in die Wirtschaft 4.0.

Meine Landesregierung gibt hier also richtig Gas. Aber wir schlittern nicht techniknaiv in den digitalen Wandel, sondern wir vertreten eine humane Fortschrittsidee. Für uns ist klar: Die Digitalisierung ist kein Selbstzweck. Sie soll den Menschen dienen und unser Leben verbessern. Deshalb betrachten wir die Digitalisierung auch nicht als Schicksal, das uns einfach überkommt, sondern als Gestaltungsaufgabe, die wir mit aller Kraft annehmen.

Genau das ist auch die Grundhaltung, mit der wir als Gesellschaft an die digitale Revolution herangehen müssen: Weder als blinde Technikjünger, die keinen Blick für die gesellschaftlichen und ethischen Auswirkungen der Digitalisierung haben. Noch als Maschinenstürmer, die sich ins analoge Zeitalter zurücksehnen. Es geht darum, den digitalen Wandel menschlich zu gestalten und entsprechend den Werten und Normen unseres Gesellschaftsmodells zu prägen.

Eine solche humane Digitalisierung ist unbedingt notwendig. Denn wenn Roboter bald schlauer sind als wir Menschen, wenn die Smart Watch am Handgelenk unser Befinden durch das ständige Auswerten biologischer Parameter besser kennt als wir selbst, wenn Algorithmen immer stärker unser Leben und unser Verhalten bestimmen, dann betrifft die Digitalisierung eben ganz unmittelbar das Menschliche. Vermeintlich smarte Lösungen dürfen aber nicht in eine neue selbstverschuldete digitale Unmündigkeit führen und das Vermächtnis der Aufklärung untergraben.

Deshalb braucht es eine klare Antwort auf die Frage: Wer sitzt auf dem Mensch-Maschine-Tandem vorn? Der Kühlschrank, der unsere Lebensmittel selbständig bestellt, und die Matratze, die unser

Schlafverhalten kontrolliert, mögen unser Leben vereinfachen. Aber es muss klar sein: Selbstbestimmung, Freiheit und Autonomie dürfen im digitalen Zeitalter nicht ins Hintertreffen geraten. Algorithmen und Computer sollen nicht zu den Steuermännern unseres Lebens werden. Denn echter Fortschritt bemisst sich am Humanen und nicht allein an der technologischen Machbarkeit.

Das heißt: Wir müssen ethisch fundierte Spielregeln für die Künstliche Intelligenz entwickeln. Denn Maschinen werden in Zukunft immer mehr rechtlich und ethisch folgenschwere Entscheidungen treffen. Das reicht vom selbstfahrenden Auto bis zur automatisierten Vergabe von Jobs, Studienplätzen oder Krediten. Genauso müssen wir entscheiden, in welchen Bereichen keine Roboter eingesetzt werden sollen: Wollen wir beispielsweise, dass unsere Eltern von Robotern gepflegt oder unsere Kinder von Maschinen betreut werden?

Wo das Menschliche dermaßen berührt wird, ist auch unmittelbar unser Miteinander betroffen. Die Digitalisierung mischt die Gesellschaft auf. Sie hat das Potential, neue Gräben aufzureißen – zwischen den technologisch-kulturellen Schrittmachern, die gekonnt auf der digitalen Welle surfen, und den digital Abgehängten, die da nicht mithalten können.

Das gilt es zu verhindern. Und deshalb müssen wir gute Antworten darauf finden, dass sich die Arbeitswelt tiefgreifend wandelt: Viele Jobs, deren Routinen in großen Teilen von Algorithmen erledigt werden können, werden wegfallen – und das sind bei weitem nicht nur einfache Tätigkeiten. Gleichzeitig werden neue Arbeitsplätze entstehen und Berufsbilder sich völlig verändern. Deshalb müssen wir ein umfassendes System und eine neue Kultur des lebenslangen Lernens entwickeln, um die Menschen auf die veränderte Arbeitswelt vorzubereiten. Das betrifft auch die Schule. Da braucht es weit mehr als nur Tablets statt Tafel. Und auch mehr als die Vermittlung von Informatik, Medienkompetenz und digitalem Knowhow. Das alles ist unverzichtbar. Aber in einer Zeit, wo Maschinen schlauer sind als wir selbst, muss Schule darüber hinaus auch das spezifisch Menschliche wie Empathie, Kreativität, Urteilskraft oder kritisches Denken stärken – also Kompetenzen, die nicht so einfach durch Algorithmen übernommen werden können. Darstellende und bildende Künste, musizieren oder Sport treiben bleiben deshalb wichtig wie eh und je.

Im Kern geht es darum, die jungen Menschen zu befähigen, ihr Leben in der digitalen Welt frei und selbstbestimmt in die Hand zu nehmen. Das ist nicht neu, sondern knüpft direkt an die Gedanken der Aufklärung an, die seit mehr als 200 Jahren unsere Vorstellung von guter Bildung prägen. Was sich ändert, ist also nicht das Ziel von Bildung, sondern es sind die technischen und gesellschaftlichen Rahmenbedingungen, und es sind die Hilfsmittel, die uns in der Pädagogik zur Verfügung stehen. Wir sollten deshalb nicht der Versuchung erliegen, etwas Neues zu machen, nur weil man es mit Tablets kann. Sondern wir sollten es nur dann tun, wenn es pädagogisch sinnvoll ist. Die Pädagogik bestimmt den Einsatz der Mittel, nicht umgekehrt. Die Pädagogik führt – auch im digitalen Zeitalter.

Auch unsere Demokratie ist vom digitalen Wandel erfasst. Das Internet hat ein großes demokratisches Potential und bietet viele neue Möglichkeiten, sich politisch einzubringen. So hat meine Landesregierung beispielsweise ein Beteiligungsportal eingerichtet. Dort können die Bürger bequem vom heimischen Sofa aus die Gesetzentwürfe der Regierung kommentieren.

Gleichzeitig haben das Internet und besonders die Sozialen Medien ein großes demagogisches Potential: Fake-News und Hasskommentare verbreiten sich in atemberaubendem Tempo. Immer mehr Menschen verabschieden sich aus der breiten gesellschaftlichen Debatte und verschanzen sich in digitalen Filterblasen, in denen sie es nur noch mit Gleichgesinnten zu tun haben. Unsere Debattenkultur verroht, wir reden weniger miteinander als übereinander. All das trägt zur Polarisierung bei und untergräbt den gesellschaftlichen Zusammenhalt. Nicht zuletzt der Skandal um Facebook und Cambridge Analytica hat auf drastische Weise veranschaulicht, wie Künstliche Intelligenz zu einer Gefahr für unsere Demokratie werden kann.

Die erste und die zweite Industrielle Revolution wurden durch Sozialgesetzgebung und soziale

Marktwirtschaft zivilisiert. Dadurch konnten die gewaltigen gesellschaftlichen und wirtschaftlichen Fortschritte der Industrialisierung zum Tragen kommen. Analog dazu braucht es heute eine Ordnungspolitik für die vierte Industrielle Revolution, um den vielfältigen ethischen, gesellschaftlichen und sozialen Auswirkungen der Digitalisierung aktiv zu begegnen.

Gerade auch deshalb müssen wir Europäer unseren eigenen Weg im digitalen Wandel finden. Denn links und rechts von uns entstehen eigene Spielarten der Digitalisierung, die nur schwer mit unseren Werten vereinbar sind. Digitalisierung auf Chinesisch meint auch: Weltmarktführerschaft bei den Kontrolltechniken, beim Versuch, alles menschliche Tun aufzuzeichnen und zu bewerten. Wir wollen aber keine digitale Welt als Mischung aus Pawlow und Orwell, aus Überwachung und Konditionierung. Aber auch die Digitalisierung auf Amerikanisch ist nicht ohne Probleme. Denn digitale Monopole von Internetriesen wie Google, Amazon, Facebook und Apple können die Marktwirtschaft aushebeln und öffentliche Räume beherrschen. Deshalb braucht es einen europäischen Weg. Aus Gründen der Wettbewerbsfähigkeit. Und weil wir unsere Werte nur dann in die Sprache der Digitalisierung übersetzen können, wenn wir ökonomisch erfolgreich sind und unserer Software unsere Werte einprogrammieren.

Klar ist also: Die Digitalisierung prägt die Welt von heute und morgen. Wir dürfen deshalb den digitalen

Wandel nicht verschlafen, sondern wir müssen ihn kraftvoll gestalten. Und das heißt eben auch: über die Folgen nachdenken. Mit poppigen Slogans wie »Digital First, Bedenken Second« fallen wir nur ein weiteres Mal in die naive Technikgläubigkeit zurück. Deshalb plädiere ich für einen digitalen Humanismus, der auf ein vermittelndes »Und« setzt und beides zusammenbringt: Nachdenken und Anpacken. Das ist die Aufgabe eines zeitgemäßen Konservatismus. Das ist, was Bewahren und Gestalten im 21. Jahrhundert meint.

7.
Zukunft braucht Herkunft

Von dem Philosophen Odo Marquard stammt der schöne Satz: »Zukunft braucht Herkunft.«[1] Er enthält eigentlich das ganze Programm eines klugen Konservatismus, der eben kein naiver Fortschrittsglaube ist. Es gilt nämlich, das an Grundsätzen und Haltungen zu bewahren, was die zivilisierte Menschheit schon immer für richtig gehalten hat. Oder was sie in entscheidenden Epochen entwickelt hat. So in unserem Kulturraum etwa die abendländische Philosophie und die Demokratie mit ihren griechischen Wurzeln, die Idee der Rechtsstaatlichkeit, die ihren Ausgangspunkt im antiken Rom hatte, die jüdisch-christliche Tradition, den Gedanken der Aufklärung oder den modernen Verfassungsstaat. Aus diesem Geist und diesen Erfahrungen heraus sollten wir das Neue gestalten.

Unser geistiger Horizont ist wesentlich ein europäischer. Auch deshalb scheitert die wenig durchdachte und oberflächliche Rede von einer *deutschen* Leitkultur. Sie nimmt den Hinweis des spanischen

Philosophen José Ortega y Gasset nicht ernst, wonach das meiste unseres geistigen Besitzes eben kein exklusives Nationaleigentum darstellt: »Vier Fünftel unserer inneren Habe sind europäisches Gemeingut.«[2] Dieser Gedanke geht in die historische Tiefe. Er reicht weit über die 200 Jahre Nationalstaatsidee hinaus, die ich oben beschrieben habe. Und er zeigt: Der Nationalismus ist eine historisch ebenso oberflächliche wie falsche Auftrennung und Vereinnahmung des europäischen geistigen Vermächtnisses, das eben nur als gemeinsames Erbe richtig verstanden werden kann.

Zum europäischen Gemeingut gehören auch die drei Hügel, von denen – so Theodor Heuss – das Abendland seinen Ausgang nahm: die Akropolis in ihrer Bedeutung für die Demokratie und die abendländische Philosophie. Das römische Kapitol für den Gedanken von Recht und Rechtsstaatlichkeit. Und Golgatha, der Ort des Kreuzes, als Symbol für die jüdisch-christliche Tradition.

Akropolis

In diesem Gemeingut spielt für mich das kritische Element eine besondere Rolle. Es setzt auf Vernunft, auf Lösungen, die sich aus dem Abwägen von Argumenten, aus Rede und Gegenrede ergeben. Das ist schon bei Sokrates angelegt, einem der ersten großen Philosophen unserer Geschichte, der das Scheinwissen entlarvte. Er deckte durch seine beharrlichen, kritischen Fragen auf, dass keine der tradierten Lehren seiner Zeit wirklich fundiert war. Und dass keine der von ihm befragten Autoritäten seinem Maßstab standhielt: dem Maßstab der Vernunft. Nicht die Priester, nicht die Feldherren, nicht die Politiker. Daraus schloss er, dass seine Zeitgenossen – wie er selbst auch – im Grunde genommen nichts wirklich sicher wussten. Eine ungeheure Erkenntnis, in der eine große intellektuelle Bescheidenheit zum Ausdruck kommt. Und ein großes Staunen, das zugleich das Tor zu einer neuen Welt aufstößt: zu einer Welt, in der sich die Menschen darum bemühen müssen, Tatsachen und Lehren zu fundieren. Zu einer Welt, in der die Ergebnisse profunder wissenschaftlicher Forschung eine besondere Autorität genießen.

Einer solchen Denkhaltung widerspricht es, wenn man wissenschaftliche Tatsachen einfach ohne jedes Gegenargument bestreitet – so wie es die Populisten heute beim menschengemachten Klimawandel tun. Das ist nicht nur ein Angriff auf unseren Wahrheitsbegriff und auf die Autorität der Wissenschaften. Es ist auch ein Angriff auf unser abendländisches Erbe. Und es spricht für sich, dass dieser Angriff hier in Deutschland am lautesten von einer Partei geführt wird, die von sich behauptet, das Abendland retten zu wollen.

In ganz engem Zusammenhang mit der sokratischen Fragekunst steht für mich die »Mesotes«-Lehre des Aristoteles.[3] Dieser 2500 Jahre alte Tugenddiskurs stellt den Gedanken von Maß und Mitte ins Zentrum. Auch die Mesotes-Lehre ist kritisch und konstruktiv. Denn es ist eine Kunst, sich so in der Mitte zu treffen, dass dabei gute und nicht faule Kompromisse herauskommen. Hier liegt eine der Grundvoraussetzungen unserer Demokratie. Wo es nur noch faule Kompromisse gibt, nimmt die Demokratie Schaden.

Die Idee der guten Mitte ist auch deshalb wichtig, weil Entscheidungen in der Politik genauso wie im Alltagsleben meist nicht durch »reine« Prinzipien bestimmt werden, sondern in aller Regel durch ein Für und Wider, in das ganz unterschiedliche Erwartungen einfließen. Das »Reine«, das vor allem Extremisten versprechen, hat viel Platz in Ideologien, aber wenig Platz in der wirklichen Welt. Und auch die Wut, die Populisten anheizen, zielt nicht auf Maß und Mitte, sondern auf Lösungen, die vor allem extrem viel zerstören.

Tatsächlich hat man es in der Wirklichkeit meistens mit einem gordischen Knoten zu tun, mit einem Geflecht von Werten, Motiven, Rechten und Interessen, das man mühsam entwirren muss und nicht einfach mit einem Schwerthieb zertrennen kann. Die Mesotes-Lehre hilft beim Entwirren und bei der Suche nach vernünftigen Lösungen. Dabei meint das Prinzip der »goldenen Mitte« gerade keine bloß halbherzige und unentschiedene Haltung und schon gar keine Mittelmäßigkeit. Genauso wenig geht es um den rechnerischen Mittelweg zwischen zwei Positionen. Das »rechte Maß« zielt vielmehr darauf, bei Entscheidungen unter den vielen einseitigen oder verkürzten Möglichkeiten diejenige Position zu finden, die einem Problem wirklich angemessen ist: »Denn es ist leicht, das Ziel zu verfehlen, aber schwer, es zu treffen.«[4] Für mich ist die gute Mitte ein Leitprinzip beim Abwägen von Vor- und Nachteilen, von Chancen, Risiken und unbeabsichtigten Nebenwirkungen. Gerade bei der Folgenreflexion, die für die Idee der Nachhaltigkeit ja so zentral ist. Eine Entscheidung ist nur dann gut, wenn ihre Folgen – auch jene, die erst mit einiger Verzögerung auftreten – mitgedacht wurden und vernünftigerweise akzeptiert werden können.

Kapitol

Eine zweite wichtige Wurzel für die europäische Idee von Politik, Individuum und Gesellschaft ist das römische Recht. Die ersten Aufzeichnungen entstanden bereits im fünften Jahrhundert vor Christus und wurden rund 1000 Jahre später von Kaiser Justinian im Corpus Iuris Civilis zusammengefasst und systematisiert. Sie spiegeln das Bedürfnis der Menschen, in einem wohlgeordneten Gemeinwesen leben zu wollen, wider. Also in einer Ordnung, die berechenbar und stabil ist und ein gutes und friedliches Zusammenleben ermöglicht. Das ist ein Grundgedanke, der dann vor allem in der Zeit der Aufklärung aufgegriffen und weiterentwickelt wurde, etwa durch das Willkürverbot, die Freiheitsrechte und die Idee der Gewaltenteilung.

Die Verrechtlichung von Beziehungen ist eine zivilisatorische Großtat. Sie wirkt wie eine Ausfallbürgschaft. Sie hilft, Konflikte und Streitfälle zu lösen, wo dies mit den Mitteln des Gesprächs und des alltäglichen Aushandelns nicht mehr möglich ist. Der Rechtsstaat stellt Waffengleichheit zwischen den Konfliktparteien her. Nicht der Stärkere setzt sich durch, sondern der, der das Recht auf seiner Seite hat. Das ist die große Leistung des Rechtsstaats. Er hilft, den Frieden zwischen den Bürgern zu bewahren. Er schafft Sicherheit und ermöglicht komplexe Kooperationen innerhalb einer Gesellschaft. Er ist die Grundlage für eine gute Entwicklung des Gemeinwesens.

Der Wert des Rechtsstaats wird uns heute umso dringlicher bewusst, weil Rechtsstaatsprinzipien wie das der Gewaltenteilung inzwischen selbst in unserer Nachbarschaft ausgehöhlt werden. Eine solche Aushöhlung ist der erste Schritt auf dem Weg zur Autokratie. Deshalb muss die Verteidigung der Demokratie mit der des Rechtsstaats beginnen.

Damit der Rechtsstaat funktioniert, braucht er eine gute und schlagkräftige Verwaltung. Ich weiß, wovon ich spreche, denn als Ministerpräsident erlebe ich Tag für Tag, dass gutes Regieren ohne gute Beamte und gutes Verwaltungshandeln unmöglich wäre. Die Alternative zu einer guten Verwaltung heißt Willkür, Schlendrian und Korruption. Aber so unverzichtbar gute Verwaltungen sind, es besteht stets auch die Gefahr einer übermäßigen Bürokratisierung. Wenn sinnvolle Regulierung in Überregulierung umschlägt, dann macht das Abläufe zähflüssig und schränkt unsere Freiheit unnötig ein. Auch hier gilt es deshalb, eine gute Mitte zu finden. Wir brauchen – ähnlich wie bei der Technikfolgenabschätzung – eine Regulierungsfolgenabschätzung. Auch das ist ein Aspekt der »reflexiven Moderne«, in der Probleme bearbeitet werden müssen, die als unerwünschte Nebenfolgen unseres Tuns entstanden sind. In Baden-Württemberg haben wir deshalb einen Normenkontrollrat geschaffen. So bürokratisch sein Name auch klingt, so unbürokratisch ist seine Aufgabe: Er soll helfen, bereits in laufenden Gesetzgebungsverfahren überflüssige Regulierungen und den Aufbau von unnötiger Bürokratie zu vermeiden.

Golgatha

Golgatha ist der dritte Hügel, aus dem sich unser geistiges Erbe ableitet: »Europa wuchs heran, Psalmen singend, Propheten zitierend, meditierend über Hiob und Abraham«, sagte Umberto Eco einmal.[5] Und es stimmt, die jüdisch-christliche Tradition hat unser gesamtes Denken zutiefst geprägt, unseren Blick auf die Welt und den Menschen. Auch meines ganz persönlich.

Ich denke dabei besonders an Jesus von Nazareth

und den Gedanken der Umkehrung. Danach ist das Kleine bedeutsam und groß: der einzelne Mensch nämlich. Und unter den einzelnen Menschen stehen nicht die Schönen und Reichen an erster Stelle, sondern die Geringen, die Kranken, die Armen. Während das Größte, was sich denken lässt, nämlich Gott, zum Menschen wurde und auf Golgatha den Kreuzestod starb. Die Geschichten, die dies zum Ausdruck bringen, sind zu Archetypen unserer Kultur geworden: die Fußwaschung Jesu an seinen Jüngern, die Geschichte vom barmherzigen Samariter oder auch die Erzählung vom verlorenen Sohn.

Diese Geschichten faszinieren uns bis heute. Ich habe es kürzlich erst wieder an meinem kleinen Enkel gesehen. Wie ihn die Geschichte vom heiligen Martin gepackt hat, die er in der Kita erzählt bekommen hatte. Es beschäftigte ihn viele Wochen, dass Martin den Mantel teilt und ihn dem armen frierenden Mann gibt, und er spielte die Geschichte immer wieder nach.

Auch das zeigt mir: Wir haben es mit Gedanken von gewaltiger Kraft zu tun. Es ist kein Zufall, dass uns diese Gedanken auch heute noch prägen und sie – in säkularisierter Form – zu unserem obersten Verfassungsgrundsatz geworden sind: der unantastbaren Würde des Menschen.

Das Konservative geht traditionell vom Menschen aus, wie er ist, »wie er geht und steht«[6], und nicht so, wie er sein soll. Und ich teile diese Grundhaltung. Der Mensch ist nun mal unvollkommen. Er denkt oft zuerst und manchmal ausschließlich an sich selbst. Aber wer von der Unvollkommenheit des Menschen ausgeht, muss keine negative Anthropologie vertreten. Er muss nicht wie Thomas Hobbes eine »wölfische« Menschennatur annehmen und bei einem »homo homini lupus« landen.[7] Er muss nicht einmal ganz darauf verzichten, vom Menschen auszugehen, wie er ihn gerne hätte. Als Lehrer hätte ich ja den falschen Beruf ergriffen, wenn ich bestreiten würde, dass Menschen sich ändern und auch besser werden können und dass es auch Sinn macht, Kinder und Jugendliche zu erziehen. Aber wer realistisch bleiben will, sollte berücksichtigen, dass auch hier das »Und« gilt. Der Mensch ist eben, wie Martin Luther sagt, »simul iustus et peccator« – ein Gerechter und ein Sünder, kooperativ und egoistisch zugleich. Ich halte es deshalb hier wie an vielen anderen Stellen mit Immanuel Kant. Der entwirft mit seinem kategorischen Imperativ zwar eine Regel für das normativ richtige Handeln. Aber ganz realistisch sieht Kant auch, dass der Mensch eben nicht immer das Richtige tut und »aus krummem Holz« geschnitzt ist.[8] Und so lässt sich das Böse auch nicht einfach völlig wegerklären, wegpsychologisieren oder wegsoziologisieren.

Wie umgehen mit einer solchen philosophischen wie auch lebenspraktischen Einsicht? Manche stimmt sie vielleicht besonders milde und duldsam. Andere macht sie vielleicht streng und hart. Ich finde, wir sollten auch hier Maß und Mitte suchen. Und das heißt auch: Politik sollte nicht moralisieren, sondern sie sollte sich auf den Kampf für eine »gute Ordnung der Dinge« konzentrieren, für gute Rahmenbedingungen und faire Chancen für alle. Das ist ihr Beitrag, damit Menschen, auch wenn sie keine Heiligen sind, gut und friedlich zusammenleben können.

Von Bürgern und Rabauken

Die zivilisatorischen Errungenschaften, die den geistigen und moralischen Horizont Europas prägen, haben ihren Ort nicht in einem fernen Wertehimmel. Sie sind Teil unseres Alltags, unserer gelebten Wirklichkeit, unserer Sprache. Sie werden uns oft erst bewusst, wenn etwas anders läuft, als wir es gewohnt sind. Für mich läuft etwas auffällig anders, wenn ich sehe, wie elementare Regeln des Umgangs immer mehr in Frage gestellt werden. Und das sogar durch den Präsidenten der Vereinigten Staaten: In fast jeder Nachrichtensendung sehen wir einen Mann, der sich so verhält, wie wir unseren Kindern beibringen, dass sie sich nicht benehmen dürfen. Das Gleiche gilt für die Populisten bei uns, die sich ebenfalls wie Rabauken aufführen. Respekt, Wahrhaftigkeit und Höflichkeit sind aber der Kitt für die offene Gesellschaft.

Ich bin bei der Frage nach den Umgangsformen durchaus ein gebranntes Kind. Denn auch wir Achtundsechziger haben – neben den vielen wichtigen gesellschaftlichen Veränderungen, die wir angestoßen haben – den alten Kulturtechniken der Höflichkeit und Etikette einen schweren Schlag versetzt. Zwar ist es richtig, dass Höflichkeit nicht gleich Höflichkeit ist. Sie kann auch Maske sein, und hinter der schönen Fassade sieht es oft ganz anders aus. Aber nur weil Höflichkeit – wie fast jede menschliche Verhaltensform – verlogen sein kann, ist sie doch nicht falsch. Letztlich haben wir hier überzogen und das Kind mit dem Bade ausgeschüttet. Umso mehr, als damit die Hürden für alle jene heruntergesetzt wurden, die heute auch mit der Verrohung von Sprache und Umgang einen zivilisatorischen Rückschritt propagieren.

Die drei großen V

Wo Sprache und Umgang verrohen, werden auch die guten alten bürgerlich-konservativen Tugenden in Mitleidenschaft gezogen. Und manche fragen sich: Wo sind die »drei großen V« – Vertrauen, Verlässlichkeit, Vertragstreue – geblieben? Nehmen wir den Anspruch, dass Verträge auch einzuhalten sind. Dieser Anspruch ist nichts Neues. Denn die Grundidee des Alten und Neuen Testaments ist die eines Bundes, den Gott mit den Menschen schließt. Und die Vertragstreue ist auch der Kern der alten Kaufmannsehre – so verbindlich, dass man Verträge per Handschlag schloss und dann alles dafür tat, ein guter und verlässlicher Vertragspartner zu sein. Grundlage war und ist dabei das beide Seiten bindende Prinzip des »Do ut des«: »Ich gebe, damit du gibst«. Beide Partner müssen gut mit ihrer Abmachung leben und sich darauf verlassen können, dass auch der andere sie einhält.

Wie weit ist das doch entfernt vom Gebaren des US-Präsidenten, der Verträge nach Gusto bricht und sich gleichzeitig rühmt, ein toller »Dealmaker« zu sein. Und wenn Trump »Deal« sagt, meint er nicht das Prinzip des fairen Ausgleichs, sondern das des machtvollen Diktats durch den Stärkeren. Verträge, die auf einer solchen Grundlage zustande kommen, führen gerade nicht dazu, dass beide Seiten sich dauerhaft »vertragen«. Sie finden keinen Ausgleich, keine Mitte, sie befrieden nicht, sondern definieren lediglich, was die unterlegene Seite ertragen muss. Deshalb ist das Wort Vertrag hier eigentlich unangemessen. Solche Vereinbarungen tragen nicht den Keim des guten Miteinanders in sich, sondern den von Sieg und Niederlage.

Gleichzeitig verprellt Trump langjährige Partner und Verbündete nach Belieben. Etwa wenn er offen mit einem Ende der NATO droht, wenn er nach einem G7-Gipfel der mühsam zu Papier gebrachten gemeinsamen Abschlusserklärung per Twitter seine Zustimmung entzieht oder wenn er Emmanuel Macron einen »Frexit« – also den Austritt Frankreichs aus der EU – vorschlägt. Es wäre ein Fehler, das alles bloß als medienwirksame Ausfälle eines Rüpels abzutun. Ich befürchte, dass sich dahinter weit mehr Kalkül verbirgt, als viele vermuten. Nämlich das Ziel, den Multilateralismus, also eine internationale Ordnung mit gemeinsamen Regeln, die für alle gelten, zu schwächen oder gar zu zerstören. Aus Partnern in einem multilateralen Rahmen wie etwa der Europäischen Union sollen vereinzelte Saaten werden, mit denen sich dann »The Art of the Deal« zelebrieren lässt, Trumps Version des Rechts des Stärkeren. In einer solchen Welt hätte der Konsens, das friedliche und gleichberechtigte Miteinander der Staaten keine Chance mehr. Es würde ersetzt vom Prinzip »Dog eat dog«: Die größeren Hunde beißen die kleineren nach Belieben.

Wir Europäer müssen uns deshalb jetzt erst recht für die internationalen Organisationen und Regelwerke stark machen. Miteinander reden, nicht übereinander. Beziehungen knüpfen, von denen alle profitieren. Kompromisse machen, mit denen alle leben können. Das ist der friedensstiftende Kern des Multilateralismus. Und deshalb müssen wir gerade in schweren Zeiten an dem festhalten, was Immanuel Kant in seiner Schrift »Zum ewigen Frieden« fordert: Völkerrecht statt Recht des Stärkeren und internationale Organisationen statt der Anarchie staatlicher Egoismen.

Dabei gilt es auch, sich dem neuen Protektionismus entgegenzustellen und sich für den freien Handel stark zu machen. Nicht nur, weil er den Wohlstand, sondern weil er den Frieden fördert. Auch das wusste bereits Kant: »Es ist der Handelsgeist, der mit dem Kriege nicht zusammen bestehen kann.«[9] Deshalb gilt jetzt erst recht: den freien Handel stärken, ihn fair gestalten und die wirtschaftlichen Verflechtungen vertiefen.

Fazit

Bewahren und gestalten – die konservative Idee unserer Zeit

Angefangen mit Edmund Burke waren jene Konservativen, die nicht einfach nur reaktionär dachten, nicht grundsätzlich gegen Reformen – sondern gegen Revolutionen. Diese, so fürchteten sie, würden mehr zerstören als schaffen. Daher ihr Plädoyer für behutsames Reformieren. Das war zu Burkes Zeiten noch einigermaßen möglich. Richtig schwer wurde es aber unter den Bedingungen der industriellen Moderne. Denn diese ist geprägt von einem revolutionären Tempo – erst recht im Zeitalter von Globalisierung und Digitalisierung. Seither besteht die Gefahr, dass Gesellschaft und Politik dem Fortschritt hinterherhinken. Bewahren ist daher ein viel anspruchsvolleres Unterfangen, als es das in früheren Zeiten war. Und Bewahren ist eine höchst aktive Tätigkeit geworden, eine schaffende und gestaltende.

Die Idee des wertgebundenen Gestaltens ist die konservative Idee unserer Zeit. Sie denkt sich von der Zukunft her und nicht von der Vergangenheit. In ihr zeigt sich, dass die Strauß'sche Begriffszertrümmerung des Konservativen auch ein Gutes hatte. Sie öffnete nämlich den Blick dafür, dass wir das Spannungsverhältnis zwischen Bewahren *und* Gestalten ernst nehmen sollten. Zugleich wurde deutlich, dass das Progressive und das Konservative nicht zwei Felsen in der Landschaft sind, die sich fest und unbeweglich gegenüberstehen. Das gilt erst recht angesichts der zunehmenden Auflösung der klassischen politischen Lager.

Diese Erkenntnisse sind heute wichtiger denn je. Denn in Zeiten stürmischen Wandels braucht es Antworten auf die Sehnsucht nach Halt, Sicherheit und Orientierung. Nach Prinzipien, die den Tag überdauern, und nach einem besonnenen Umgang mit den Herausforderungen. Gleichzeitig können wir eine Welt im Umbruch nur dann erfolgreich gestalten, wenn wir uns dem Neuen öffnen und es mit Zuversicht anpacken. Denn Zukunft ist keine lineare Fortschreibung der Gegenwart. Sie gründet in keinem Fortschrittsautomatismus. Und schon gar nicht im Versuch einer Wiederbelebung des Vergangenen.

Deshalb plädiere ich für eine *»Politik des Und«* – eine Politik, die B*ewahren und Gestalten* zusammenbringt. Mit Blick auf die fundamentalen Umbrüche und Veränderungen der Zeit heißt das:

Wir müssen Ökonomie und Ökologie verbinden. Die Klimakrise und das rasante Artensterben sind die Menschheitsfragen des 21. Jahrhunderts. Sie entscheiden darüber, ob unser Planet vor die Hunde geht oder nicht. Diese Aufgaben können wir nur meistern, wenn wir die Idee der Nachhaltigkeit entschlossen ins Zentrum von Wirtschaft und Politik rücken. Es gilt, Wachstum vom Naturverbrauch zu entkoppeln und wirtschaftlichen Erfolg mit dem Erhalt der natürlichen Lebensgrundlagen zu verbinden. Und das heißt: Wir müssen die ökologische Modernisierung der Wirtschaft vorantreiben. Hier wird das »conservare« zum »transformare«.

Wir müssen Zusammenhalt und Vielfalt genauso verbinden wie Heimat und offene Gesellschaft. Denn die Polarisierung unserer Gesellschaft nimmt zu. Manche Menschen sind verunsichert, andere wütend. Ein Unbehagen macht sich breit. Profiteure sind die Populisten, die die Stimmung weiter anheizen. Um die liberale Demokratie und unsere offene Gesellschaft zu bewahren und zu gestalten, braucht es dreierlei: Eine starke und vielfältige bürgerschaftliche Gemeinschaft. Eine Politik des Gehörtwerdens, die die Bürger an der Politik beteiligt. Und zivilisierten Streit als lebendigen und respektvollen Austrag politischer und gesellschaftlicher Konflikte. Wenn uns das gelingt, dann entstehen Heimat und Zusammenhalt.

Wir müssen Fortschritt und Humanität verbinden. Die technologische Entwicklung wird immer schneller. Innovationszyklen werden immer kürzer, die Auswirkungen immer weitreichender. Das gilt vor allem für die Digitalisierung. Sie krempelt mit ihrer disruptiven Dynamik alles um: unsere Wirtschaft, unsere Arbeitswelt, unsere Gesellschaft. Und sie berührt unmittelbar das Menschliche. Deshalb hat die Politik eine doppelte Aufgabe: Sie muss zum einen den digitalen Wandel kraftvoll gestalten und entschlossen vorantreiben, um die großen Chancen zu nutzen. Zum anderen muss die Politik dabei immer der reflexiven Idee eines digitalen Humanismus folgen, um den ethischen, gesellschaftlichen und sozialen Folgen der Digitalisierung aktiv zu begegnen. Daraus folgt eine lange Agenda: Sie reicht von ethischen Spielregeln für die künstliche Intelligenz über die Vorbereitung der Menschen auf die Arbeitswelt 4.0 bis hin zu Maßnahmen, um der digitalen Verrohung unserer Debattenkultur entgegenzuwirken.

Wir müssen das Regionale, die Nation und Europa verbinden. »Taking back control« – das geht nur mit einem starken Europa. Denn viele Herausforderungen der Zeit kennen keine Grenzen. Globalisierung gestalten, Migration steuern, Klima schützen: Bei all diesen Aufgaben können einzelne EU-Staaten wenig erreichen. Und wenn wir bei der Neugestaltung der internationalen Ordnung mehr als nur Zuschauer sein wollen, dann geht auch das nur mit einer gemeinsamen europäischen Außenpolitik.

Das heißt aber keineswegs, dass das Nationale überflüssig geworden ist. Der föderale Nationalstaat bietet der liberalen Demokratie, den Bürgerrechten und dem Sozialstaat ein Zuhause, das derzeit so in einem anderen politischen Gebilde schwer vorstellbar wäre. Zum anderen stiftet der föderale Nationalstaat noch immer Identität und Zugehörigkeit – und ein aufgeklärter und einschließender Patriotismus stärkt den gesellschaftlichen Zusammenhalt.

Gleichzeitig müssen wir den guten alten konservativen Gedanken der Subsidiarität hochhalten. Denn das Regionale ist der Ort, wo wir zu Hause sind und Halt finden. Und deshalb sollten wir die Dinge, die wir in der Region oder in der Kommune regeln können, auch dort angehen – nah an den Menschen und nah am konkreten Problem.

Wir müssen wirtschaftliche Dynamik und sozialen Ausgleich verbinden. Die bewährte soziale Marktwirtschaft ist durch Globalisierung, Digitalisierung, demographischen Wandel und eine wachsende Ungleichheit herausgefordert. Wir müssen deshalb das Aufstiegsversprechen der sozialen Marktwirtschaft wieder mit neuem Leben erfüllen. Dabei gilt es, die Bildung in den Mittelpunkt zu stellen. Der Anspruch muss sein, den Bildungserfolg eines Kindes von seiner sozialen Herkunft zu entkoppeln und so Leistung für alle und Aufstieg durch Bildung zu ermöglichen.

Wir müssen Sicherheit und Freiheit verbinden. Wir leben in Deutschland – und gerade in meiner Heimat Baden-Württemberg – so sicher wie kaum anderswo auf der Welt. Gleichzeitig ist der internationale islamistische Terrorismus näher an uns herangerückt. Das macht vielen Menschen Angst und ist Gift für den Zusammenhalt. Die Politik muss darauf besonnen und entschlossen zugleich reagieren. Klar in der Sache, denn die Terroristen zielen auf unsere liberale Demokratie und unsere freie Lebensweise. Aber auch zielgerichtet in den Mitteln, beispielsweise durch mehr Personal bei der Polizei oder ein gezieltes Überwachen von Gefährdern.

Wir müssen Humanität und Ordnung verbinden. Noch nie waren so viele Menschen auf der Flucht wie heute. Auch bei uns in Deutschland haben in den letzten Jahren viele Menschen Schutz gesucht. Ich plädiere für einen pragmatischen Humanismus, der das Asylrecht entschieden verteidigt, aber gleichzeitig die Integrationsfähigkeit der Gesellschaft im Blick hat. Deshalb lautet mein Kompass: All jene, die politisch verfolgt oder einem Bürgerkrieg entflohen sind, erhalten unseren Schutz, und wir tun alles, damit ihre Integration gelingt. Wer hingegen nicht politisch verfolgt oder einem Bürgerkrieg entflohen ist, muss in seine Heimat zurückkehren. Zugleich müssen wir aber über ein Zuwanderungsgesetz neue Wege der legalen Migration schaffen.

Eine solche »Politik des Und« kann nur in einem guten Gleichgewicht von Staat, Markt und Bürgergesellschaft gelingen. Und das heißt: Wir dürfen weder blind auf die unsichtbare Hand des Marktes vertrauen noch in eine überzogene Staatsgläubigkeit verfallen. Denn dass unregulierte Marktkräfte außer Rand und Band geraten können, hat die Bankenkrise mehr als deutlich gemacht. Und wenn wir uns die Schuldenberge anschauen, die selbst reiche Staaten inzwischen aufgetürmt haben, dann kann auch keiner mehr so richtig daran glauben, dass der Staat alles richten kann.

Der Schlüssel liegt also darin, das Dreieck aus Staat, Markt und Bürgergesellschaft gut auszubalancieren. Dafür brauchen wir zum ersten einen leistungsfähigen, aber nicht überbordenden Staat mit starken öffentlichen Institutionen – von guten Kitas, Schulen und Universitäten über eine leistungsfähige und bürgernahe Polizei und einen funktionierenden öffentlich-rechtlichen Rundfunk bis hin zu kommunalen Schwimmbädern und Bibliotheken mit großzügigen Öffnungszeiten. Mir geht es also um einen Staat, auf den die Menschen sich verlassen können. Ein Staat, der sie nicht bevormundet, sondern ermöglicht, dass jeder sein Leben selbstbestimmt gestalten und sich frei und gleichberechtigt in unsere Gesellschaft einbringen kann.

Zum zweiten braucht es einen Markt, der die Kraft

der Freiheit nutzt und zugleich klaren Regeln folgt. Das bedeutet: Innovation, Kreativität und Unternehmergeist müssen sich frei entfalten können, nur so können wir unseren Wohlstand erwirtschaften. Gleichzeitig ist aber ein klarer Ordnungsrahmen unverzichtbar, der nicht nur den ökonomischen, sondern auch den ökologischen und sozialen Fortschritt sicherstellt.

Zu guter Letzt brauchen wir eine starke und lebendige Bürgergesellschaft. Die erleben wir dort, wo die Menschen nicht auf Segnungen »von oben« warten oder in passiver Konsumentenhaltung verharren. Wo sie aus freien Stücken aktiv werden, sich ehrenamtlich engagieren und sich politisch beteiligen. Wo sie zivilisiert streiten und die Gestaltung ihres Gemeinwesens ein Stück weit selbst in die Hand nehmen. Hier entstehen die Werte, die unser Gemeinwesen tragen – und die weder Staat noch Markt schaffen können. Je lebendiger die Bürgergesellschaft ist, desto besser ist das für unser Gemeinwesen und für unsere Demokratie insgesamt.

Zuversicht im Wandel

Bewahren und Gestalten – das ist die konservative Grundidee unserer Tage. Diese Idee hat einen doppelten Kern: Sie bewahrt unsere natürlichen Lebensgrundlagen mit einer Politik für den Schutz von Klima und Natur und für die ökologische Transformation der Wirtschaft. Und sie bewahrt und gestaltet unsere offene Gesellschaft mit einer Politik für Bindung und Gemeinschaft, für Heimat und Zusammenhalt. Die neue Idee des Konservativen steht für keine abgeschlossene politische Ideologie mehr, sondern ist eng verwoben mit anderen, ökologischen, sozialen und liberalen Ideen. Sie gewährt nicht mehr die »festen« Gewissheiten der alten Weltbilder, doch sie versinkt auch nicht im Beliebigen. Sie hat eine Leidenschaft für die Sache, hält sich an Prinzipien, an Maß und Mitte, pflegt den kritischen Blick für die Folgen und setzt auf demokratischen Ausgleich und Dialog. Sie ist reflexiv und pragmatisch. Sie gibt Orientierung und Zuversicht im rasanten Wandel der Zeit.

Anmerkungen

Auf der Suche nach Halt und Orientierung

1. Max Weber: *Politik als Beruf*, Köln 2014, S. 71 f.

1. Das Konservative – ein Kind des Wandels

1. Joseph de Maistre: *Betrachtungen über Frankreich*, Wien 1991.
2. Edmund Burke: *Betrachtungen über die Französische Revolution*, Warendorf 2017.
3. Theodor Fontane: *Der Stechlin*, Zürich 1975, S. 41.
4. Sigmund Freud: *Das Unbehagen in der Kultur*, in: Ders.: *Studienausgabe, Bd. IX. Fragen der Gesellschaft, Ursprünge der Religion*. Frankfurt / Main 1997.
5. Ulrich Beck: *Risikogesellschaft. Auf dem Weg in eine andere Moderne*, Frankfurt / Main 1986.
6. Hans Jonas: *Das Prinzip Verantwortung. Versuch einer Ethik für die technologische Zivilisation*, Berlin 2003, S. 36.
7. Erhard Eppler: *Ende oder Wende. Von der Machbarkeit des Notwendigen*, München 1975.
8. Francis Fukuyama: *Das Ende der Geschichte. Wo stehen wir?*, München 1992.

2. *Schöpfung bewahren*

1. In Platons Dialog *»Kritias«* (111b) spielt schon das Problem der Bodenerosion und Abholzung eine Rolle. Plinius der Ältere ist in seiner *»Historia Naturalis«* (18.3) besonders kritisch, was die Schädigung der natürlichen Lebensgrundlagen durch menschliche Eingriffe angeht: »wir vergiften auch die Flüsse und Elemente der Natur und selbst das, was uns leben lässt [die Luft], vergiften wir«. Beim heiligen Franziskus finden sich wichtige Anknüpfungspunkte für die Idee der Nachhaltigkeit vor allem in seinem *»Sonnengesang«*. Dort spricht er die Natur und ihre Erscheinungen gleichsam auf Augenhöhe an, als Bruder Wind, Schwester Wasser, Bruder Feuer. Das ist eine andere Perspektive als die, die in Natur und Umwelt nur Objekte menschlicher Unterwerfung ausmachen kann.

3. *Heimat und Zusammenhalt*

1. Hannah Arendt: *Vita activa oder vom tätigen Leben*, München / Berlin / Zürich 2016, S. 17.
2. Augustinus von Hippo, *De Civitate Dei*, Buch XII, Kapitel XXI.
3. Hannah Arendt: *Fragment 1*, in: Dies.: *Was ist Politik? Fragmente aus dem Nachlass*, herausgegeben von Ursula Ludz, München / Berlin 2015, S. 9.
4. Hannah Arendt: *Fragment 1*, in: Dies.: *Was ist Politik? Fragmente aus dem Nachlass*, herausgegeben von Ursula Ludz, München / Berlin 2015, S. 12.
5. Hannah Arendt: *Es gibt nur ein einziges Menschen-*

recht, in: Die Wandlung, 4. Jg., Herbstheft 1949, Dez. 1949, S. 758.

6. Dolf Sternberger: *Herrschaft und Vereinbarung*, Frankfurt / Main 1986, S. 228 f.
7. Jeanne Hersch: *Für die Bürger, welche Demokratie? Für die Demokratie, welche Bürger?*, in: Dies.: *Erlebte Zeit. Menschsein im Hier und Jetzt* (Herausgegeben von Monika Weber / Annemarie Pieper), Zürich 2010, S. 126.
8. John Rawls: *Die Idee eines übergreifenden Konsenses*, in: Ders.: *Politischer Liberalismus*, Frankfurt / Main 2003, S. 219–265.
9. Thukydides: *Geschichte des Peloponnesischen Krieges* 2,40.
10. Zitiert nach: Anselm Grün: *Wo ich zu Hause bin: Von der Sehnsucht nach Heimat*, Freiburg 2011, S. 66.
11. Ernst Bloch: *Das Prinzip Hoffnung*. Frankfurt / Main 1969, S. 1628.
12. Sigmund Freud: *Das Unheimliche*, in: Ders.: Werke Band XII, Frankfurt / Main (Werke aus den Jahren 1917–1920), S. 229–270.
13. Carl Schmitt: *Der Begriff des Politischen*, Berlin 2015.
14. Immanuel Kant: *Kritik der Urteilskraft* (Kant Werkausgabe Bd. 10, herausgegeben von Wilhelm Weischedel), Frankfurt / Main, 1974, § 40, S. 226.
15. Vgl. Hannah Arendt: *Sokrates. Apologie der Pluralität*, Berlin 2016, S. 53.
16. Hannah Arendt: *Der Sinn von Politik*, in: Dies.: *Was ist Politik? Fragmente aus dem Nachlass*, herausgegeben von Ursula Ludz, München / Berlin 2015, S. 97.
17. Hannah Arendt: *Vita activa oder vom tätigen Leben*, München / Berlin / Zürich 2016, S. 73.

18. Timothy Garton Ash: *Redefreiheit. Prinzipien für eine vernetzte Welt*, Bonn 2017.
19. Vgl. Hannah Arendt: *Der Sinn von Politik*, in: Dies.: *Was ist Politik? Fragmente aus dem Nachlass*, herausgegeben von Ursula Ludz, München / Berlin 2015, S. 17.

4. *Familie, Religion und Sicherheit*

1. Martin Buber: *Ich und Du*, Stuttgart 2008.
2. Benjamin Franklin: *Observations on the Increase of Mankind*, 1751. Abschnitt 23, zit. nach Edmund S. Morgan: *Benjamin Franklin. Eine Biographie*, übersetzt von Thorsten Schmitt, München 2006, S. 80.
3. Thomas Hobbes: *Leviathan*, Stuttgart 2002, S. 115.
4. Karl R. Popper: *Die offene Gesellschaft und ihre Feinde. Teil 1: Der Zauber Platons*, München 1975, S. 359.
5. Edmund Burke: *Betrachtungen über die Französische Revolution*, Warendorf 2017.
6. Ernst-Wolfgang Böckenförde: *Staat, Gesellschaft, Freiheit. Studien zur Staatstheorie und zum Verfassungsrecht*, Frankfurt / Main 1976, S. 60.
7. Jürgen Habermas: *Glauben und Wissen. Dankesrede zum Friedenspreis des Deutschen Buchhandels 2001*, www.friedenspreis-des-deutschen-buchhandels.de (Zugriff am 20. 07. 2018).
8. Jeanne Hersch: *Für die Bürger, welche Demokratie? Für die Demokratie, welche Bürger?*, in: Dies.: *Erlebte Zeit. Menschsein im Hier und Jetzt* (Herausgegeben von Monika Weber / Annemarie Pieper), Zürich 2010, S. 43.

5. Nation, Europa und das Regionale

1. Christopher Clarke: *Die Schlafwandler: Wie Europa in den Ersten Weltkrieg zog*, München 2013.
2. Ralf Dahrendorf: *Die Globalisierung und ihre sozialen Folgen werden zur nächsten Herausforderung einer Politik der Freiheit*, in: DIE ZEIT, 47/1997.
3. General-Anzeiger Bonn, 29.08.2015.
4. Robert Menasse: *Der Europäische Landbote: Die Wut der Bürger und der Friede Europas*, Wien 2012, S. 7.

6. Soziale Marktwirtschaft – ökologisch und digital

1. Walter Eucken: *Die Wettbewerbsordnung und ihre Verwirklichung*, in: ORDO, Jahrbuch für die Ordnung von Wirtschaft und Gesellschaft, Band 2, 1949, S. 74. Eucken verdeutlicht dort das Problem anhand zweier Beispiele: »Man denke an die Zerstörung von Wäldern in Amerika, die den Boden und das Klima weiter Gebiete verschlechterte und zu einer Versteppung führte. Es geschah, weil in der Wirtschaftsrechnung des Waldbesitzers diese Wirkungen auf die Gesamtwirtschaft nicht oder kaum zum Ausdruck kamen. Oder man denke an die gesundheitlichen Schäden, die durch chemische Fabriken und deren Abwässer usw. in vielen Fällen hervorgerufen werden.«

7. Zukunft braucht Herkunft

1. Odo Marquard: *Zukunft braucht Herkunft: Philosophische Essays*, Stuttgart 2003.

2. Zitiert nach: Heribert Prantl: *Trotz alledem!: Europa muss man einfach lieben*, Berlin 2016, S. 87.
3. Aristoteles: *Nikomachische Ethik*, Leipzig 1911.
4. Aristoteles: *Nikomachische Ethik*, Leipzig 1911, 1106b.
5. Umberto Eco: *Die Wurzeln Europas*, in: Welt am Sonntag, 12. 10. 2003.
6. Karl Marx war der »Mensch, wie er geht und steht«, bekanntlich nicht gut genug. Er benutzte die Wendung abfällig. Stattdessen galt der Mensch ihm als ein Wesen, das durch die »ganze Organisation unserer Gesellschaft verdorben, sich selbst verloren, veräußert, unter die Herrschaft unmenschlicher Verhältnisse und Elemente gegeben« sei. Ein Wesen also, das verbessert werden müsse. (In: Karl Marx / Friedrich Engels, *Werke Bd. 1*, Berlin 1976, S. 347–377, S. 360).
7. Thomas Hobbes: *Grundzüge der Philosophie. Zweiter und dritter Teil: Lehre vom Menschen und Bürger.* Leipzig 1918, S. 62.
8. Immanuel Kant: *Idee zu einer allgemeinen Geschichte in weltbürgerlicher Absicht*, in: Ders.: *Politische Schriften* (herausgegeben von Otto Heinrich von der Gablentz), Köln / Opladen 1965, S. 16.
9. Immanuel Kant: *Zum ewigen Frieden. Ein philosophischer Entwurf*, Stuttgart 1996, S. 33.

Inhalt

Vita

Winfried Kretschmann, geb. 1948 in Spaichingen, wuchs in einem liberalen, katholischen Elternhaus auf, in dem frei gedacht und gestritten wurde. Während des Studiums folgte eine 68er-Sozialisation in linksradikalen K-Gruppen, die er selbst als fundamentalen politischen Irrtum bezeichnet. Danach unterrichtete er als Lehrer am Gymnasium Biologie, Chemie und Ethik. Doch das Politische ließ ihn nicht los. 1979 war er Mitbegründer der Grünen in Baden-Württemberg und ist seit 1980 mit Unterbrechungen Landtagsabgeordneter. Seit 2011 ist er Deutschlands erster und einziger grüner Ministerpräsident. Winfried Kretschmann ist seit 1975 mit seiner Frau Gerlinde verheiratet. Sie haben drei erwachsene Kinder.